O Segredo do Narcisista

Por Que Eles Te Odeiam (e o Que Fazer)

Dan Desmarques

22 Lions

O Segredo do Narcisista: Por Que Eles Te Odeiam (e o Que Fazer)

Escrito por Dan Desmarques

Índice

Introdução

Em um mundo em que as relações interpessoais estão se tornando cada vez mais complexas, compreender os meandros do comportamento humano nunca foi tão importante. Este livro, O Segredo do Narcisista: Por Que Eles Te Odeiam (e o Que Fazer), aprofunda-se no enigmático mundo do narcisismo, lançando luz sobre as motivações ocultas, os padrões destrutivos e o profundo impacto dos indivíduos narcisistas sobre as pessoas ao seu redor.

Ao navegarmos pelo labirinto da sociedade moderna, frequentemente nos deparamos com indivíduos que parecem operar em um comprimento de onda diferente - aqueles que exalam um ar de superioridade, manipulam os outros com facilidade e deixam um rastro de devastação emocional em seu caminho. Esses são os narcisistas entre nós, e sua presença pode ser sentida em nossos relacionamentos pessoais, no local de trabalho e até mesmo nos mais altos escalões do poder.

Este livro tem como objetivo desvendar a complexa trama do comportamento narcisista, oferecendo aos leitores uma compreensão abrangente de por que os narcisistas agem da maneira que agem, como afetam as pessoas ao seu redor e, o mais importante, como se proteger de sua influência tóxica. Com base em extensas pesquisas, observações clínicas e experiências da vida real, exploramos a natureza multifacetada do narcisismo, desde suas raízes no trauma da infância até sua manifestação em relacionamentos adultos.

Nestas páginas, examinaremos as várias facetas do Transtorno da Personalidade Narcisista, incluindo sua classificação dentro dos transtornos de personalidade do Grupo B, suas bases neurobiológicas e suas implicações sociais. Vamos nos aprofundar no mundo interior do narcisista, descobrindo as inseguranças e os medos profundamente arraigados que impulsionam seu comportamento, e explorar como eles se manifestam em suas interações com os outros. Mas este livro não trata apenas de entender os narcisistas - trata de capacitar as pessoas afetadas por seu comportamento.

O livro oferece estratégias práticas para identificar traços narcisistas, estabelecer limites e proteger-se da manipulação e do abuso. Também exploraremos a jornada de cura para aqueles que foram vítimas de abuso narcisista, oferecendo orientação para reconstruir a autoestima e recuperar o senso de identidade.

Ao embarcarmos nessa jornada de descoberta, é importante observar que o termo "narcisista" não é usado levianamente ou como um termo abrangente para personalidades difíceis. Em vez disso, abordamos esse tópico com nuance e profundidade, reconhecendo o espectro de traços narcisistas e a complexa interação de fatores que contribuem para o seu desenvolvimento.

Seja você um profissional de saúde mental que busca aprofundar sua compreensão sobre o transtorno de personalidade narcisista, alguém que suspeita estar em um relacionamento com um narcisista ou simplesmente uma pessoa interessada em psicologia humana, este livro oferece percepções valiosas e ferramentas práticas para navegar no terreno desafiador dos relacionamentos narcisistas.

Ao final deste livro, os leitores não apenas terão uma compreensão mais clara do comportamento narcisista, mas também estarão equipados com o conhecimento e as estratégias necessárias para se protegerem e prosperarem em um mundo onde o narcisismo parece estar em ascensão. Vamos começar juntos essa jornada de compreensão, cura e capacitação.

Capítulo 1: Hostilidade encoberta

Quando os narcisistas percebem que sua imagem está sendo ameaçada pela decisão de outra pessoa, eles farão o que puderem para reverter a situação e fazer com que a outra pessoa pareça ser a errada. Isso pode incluir provocar a outra pessoa e depois filmar secretamente suas reações, e até mesmo editar o resultado para fazer parecer que a outra pessoa tem problemas mentais e é perigosa sem nenhuma razão lógica. Os repórteres fazem isso o tempo todo porque são especialistas em fabricar notícias quando não há nada a dizer. Mas os narcisistas são mais propensos a fazer isso quando percebem perigo em um futuro próximo, e é por isso que você nunca deve dar informações a um narcisista. Ele as distorcerá e as usará contra você.

Observe que eles percebem tudo como uma ameaça, até mesmo avisos amigáveis, e se vingarão com base apenas nessa percepção. Não é incomum que um narcisista odeie a pessoa que mais tentou ajudá-lo, porque ele percebe a ajuda como uma hostilidade oculta e a usa contra os outros. Eles projetam suas próprias intenções manipuladoras naqueles que estão genuinamente tentando ajudá-los. Outra coisa que fazem é perceber uma ameaça em seu ambiente como concorrência e, então, fazem o possível para garantir que a outra pessoa seja demitida ou presa. Eles podem fazer isso espalhando boatos que fazem com que os outros odeiem a pessoa.

Muitas vezes, porém, a ameaça vem de um cônjuge que tem mais credibilidade entre os membros da família ou de um amigo que é mais sábio e capaz de distinguir mentiras da verdade. Até mesmo um aluno que é capaz de fazer as perguntas certas é visto como uma ameaça por professores que não querem que os outros saibam de sua fachada, de suas manipulações e de sua absoluta ignorância ao fazer seu trabalho. Por exemplo, eu era imensamente odiado quando era estudante por não ter outra razão a não ser fazer as perguntas certas em vez de aceitar tudo o que era dito em sala de aula como os outros. Esses professores muitas vezes me caluniavam em suas conversas, como me disseram alguns deles, porque estavam obcecados com o ódio que sentiam por mim.

Levei anos para entender o motivo, porque eu era apenas um aluno que fazia perguntas que considerava normais. Mais tarde, percebi que essas pessoas trabalham ativamente para minar ou sabotar a imagem social de uma pessoa com o objetivo de removê-la de seu cargo ou desacreditá-la, o que, nesse caso, significa tentar fazer com que ela seja reprovada e expulsa. É por isso que eu nunca tinha permissão para ver minhas provas depois de serem corrigidas. Eles as escondiam e só me mostravam a nota final. Quando protestei contra a situação por meios legais, eles usaram minha resposta para me caluniar ainda mais perante os outros.

Intensificaram seus esforços para que eu fosse expulso quando pedi justiça. Espalharam mais histórias falsas e rumores sobre mim porque eu era visto como uma ameaça, e voltaram os outros contra mim para que ninguém me ouvisse. Eles estavam certos? De alguma forma, estavam, porque eu os expus. Nunca tolerei seus abusos e até os confrontei quando outros tinham medo de dizer o que pensavam, embora eles secretamente me agradecessem por ser sua voz.

Fui punido por ser honesto, altruísta, corajoso, justo e por representar as necessidades de outros alunos de serem ouvidos. Eu nunca disse nada que os outros não pudessem ver, mas eles tinham muito medo de se manifestar.

É exatamente assim que os narcisistas sempre vencem, fazendo do bode expiatório um exemplo e mantendo todos os outros com medo de serem os próximos. Atualmente, eles não podem queimá-lo vivo em praça pública, então eles o humilham. A intenção é a mesma: queimar sua integridade em praça pública.

Não há nada razoável a fazer com essas pessoas, exceto expulsá-las de todas as instituições. Elas são parasitas e demônios, na melhor das hipóteses, e não podem ser comparadas ou tratadas como pessoas comuns. A credibilidade que ganham como professores e terapeutas não significa nada, porque eles não aplicam nenhuma ciência ou integridade em seu trabalho.

Capítulo 2: Efeitos das frequências de baixa energia

Certa vez, enfrentei uma psicóloga que incentivava seu paciente a usar drogas, tanto psicotrópicas quanto psicoativas, ignorando o fato de que essa pessoa estava tendo pensamentos suicidas. Ela até disse ao paciente que era normal pensar em suicídio, ignorando o perigo que o paciente estava correndo. Em vez de falar comigo sobre seu uso da psicologia para abusar psicologicamente de alguém, ela fugiu de mim. Eu a chamei de psicopata que deveria ser internada em uma instituição psiquiátrica em vez de ganhar dinheiro dos outros enquanto abusava deles na terapia, mas ela reagiu como uma criança e simplesmente fugiu de mim.

Isso aconteceu na Lituânia, que, de acordo com a Organização Mundial da Saúde (OMS), geralmente está no topo da lista em termos de taxas de suicídio por 100.000 pessoas. A Lituânia também costuma estar entre os cinco principais países do mundo em termos de suicídio. Mas enquanto as pessoas tentam adivinhar as causas, elas estão bem na frente de todos: Seus próprios psicólogos. Essa, em particular, escreve para revistas, tem um blog e até mesmo orienta outros psicólogos em seu trabalho. Parece surreal demais para ser verdade, mas é muito mais comum do que as pessoas querem acreditar.

Embora os lituanos em si sejam algumas das pessoas mais porcas, rudes e estúpidas que já conheci, seus terapeutas tornam a cultura já degradante muito pior do que já é. A única razão pela qual alguém gostaria de viajar para a Lituânia é para visitar o maior museu a céu aberto de narcisismo do mundo: A cultura deles. Aqui você pode ver as pessoas depreciando umas às outras, fazendo as suposições mais estúpidas sobre todos, julgando o tempo todo, fofocando negativamente sobre os outros sem nenhum motivo específico, exceto inveja e um senso ilusório de arrogância, e pior, colocando vidro e pedras na sopa, fazendo pizzas com queijo podre e cogumelos podres, fazendo sushi com arroz podre, até mesmo mofo no arroz, e reutilizando xícaras de café que nunca foram lavadas. É uma exibição completa de sujeira e hipocrisia, mas também é a demonstração mais óbvia de narcisismo quando está enraizada em uma cultura.

Eles lhe dirão que o vidro ou a pedra que você encontrou na comida foi um acidente, como se isso não acontecesse o tempo todo e de propósito, quando eles odeiam os clientes e até falam com eles de forma rude. Eles negarão que não lavam seus copos e pratos, embora eu tenha visto isso com meus próprios olhos. Também dirão que as pessoas não o encararam de forma agressiva, mas que eram tímidas demais para falar com você. Essas reações também fazem parte do que os narcisistas fazem quando você pede uma explicação. Isso se chama negar sua própria realidade para que você pense que você é o louco, não eles.

Embora eu ache que a Lituânia e a Polônia poderiam competir pelo primeiro lugar em racismo, xenofobia e ignorância, os lituanos são especialmente antagônicos no sentido de que esbarram nas pessoas que odeiam, especialmente viajantes que parecem diferentes dos locais. Eles também julgam as pessoas pela cor da pele e nem sequer mudam de caminho se uma pessoa negra estiver andando na mesma direção na rua. Pior ainda, se você for negro, os estranhos na rua dirão às pessoas brancas próximas a você, em seu próprio idioma, que tomem cuidado e o evitem.

Falar sobre a Lituânia e a Polônia é como falar sobre a Terra dos Atrasados Mentais e a Terra dos Nazis, porque eles são exatamente e orgulhosamente o que a história e as estatísticas modernas dizem sobre eles. As únicas exceções que encontrei nesses países vieram de seus imigrantes. Mas, juntas, essas duas nações poderiam representar os Estados Unidos do Narcisismo.

Embora algumas nações tenham mais pessoas mentalmente doentes do que outras, muitas vezes por causa de culturas que promovem a doença mental, você deve saber que o que chamamos de pessoas tóxicas, pessoas opressivas, pessoas estúpidas, psicopatas, sociopatas ou simplesmente narcisistas, entre outros transtornos de personalidade do Grupo B, conforme classificado pelo Manual Diagnóstico e Estatístico de Transtornos Mentais (DSM-5) publicado pela Associação Americana de Psiquiatria, refere-se a indivíduos que expressam um determinado estado mental dentro de uma determinada vibração que lhes é comum.

Isso não é apenas teoria ou opinião, pois pode ser medido e você pode sentir quando alguém na sala tem uma vibração mais alta do que a sua. Essa frequência alterada no campo de energia é percebida como uma ameaça para eles, mesmo que essa pessoa nunca tenha aberto a boca para falar ou seja simplesmente um estranho sozinho.

Já vi isso acontecer com outras pessoas e comigo mesmo inúmeras vezes, inclusive pessoas virando o rosto na minha direção quando eu não estava perto ou na frente delas, ou fugindo de mim com medo, só porque sentiram perigo quando eu estava sentado sozinho em um banco de um parque ou de uma cafeteria, sem fazer nada para justificar esse comportamento.

Capítulo 3: A batalha invisível

Muitas pessoas reagem de forma muito esquizofrênica quando estou por perto, sem nenhuma outra razão além de como se sentem, pois sua frequência energética é extremamente baixa. Lembro-me de uma vez em que estava caminhando na ilha de Chios, na Grécia, e vi uma mulher vestida toda de preto sentada em um banco com vista para o mar. Ela sentiu minha presença e imediatamente virou a cabeça em minha direção com medo. Quando me viu, ela se levantou e começou a correr na direção oposta, olhando para trás para ver se eu a estava seguindo. Mas eu era apenas uma pessoa comum, vestido como um morador local e cuidando de minha vida. Eu estava andando sozinho e passaria por ela sem dizer nada se ela continuasse sentada no mesmo banco. A reação paranoica dela não fazia sentido algum, exceto quando se observa a explicação das frequências de energia. Ela tinha um campo de energia negativo e minha presença, mesmo à distância, desencadeou suas inseguranças.

Não fiquei surpreso porque isso acontece comigo o tempo todo. Mas não espero que as pessoas comuns entendam isso porque elas são cegas para essas informações. No entanto, fiquei curioso com os alunos que diziam se sentir mais enérgicos, motivados e felizes em minha presença sem nenhum motivo específico. Eles me mostraram que, se uma pessoa estiver predisposta a uma frequência mais alta, ela a absorverá naturalmente e se beneficiará dela em vez de ter medo dela. Se isso não acontecer, haverá medo e ansiedade na mente do narcisista, que poderá planejar uma maneira de remover o indivíduo de frequência mais alta do ambiente por meio de calúnia.

Em um caso específico, um dos meus colegas dos Estados Unidos foi pego ouvindo minha aula por trás da porta para obter informações que poderia usar contra mim.

Aqueles que veem essas coisas e não conseguem entendê-las tendem a racionalizar o comportamento para evitar o confronto com a realidade à sua frente, porque isso foge à sua percepção do mundo. Isso está tão fora da realidade para a grande maioria das pessoas que elas se recusam a acreditar quando está acontecendo diante de seus olhos. As pessoas ao meu redor tentavam inventar motivos que não eram válidos o suficiente para substituir o fato de que eu estava sendo alvo de ataques por nenhum outro motivo além da minha vibração. O próprio agressor muitas vezes racionaliza os motivos pelos quais me odeia, porque não tem nenhum que possa verbalizar, e é por isso que ele provoca e insulta primeiro. Eles tentam obter esse motivo.

Essas coisas aconteciam com tanta frequência em minha vida que eu me sentia sem esperança, como se estivesse enlouquecendo de tantos ataques constantes, enquanto todo o resto da sociedade negava os fatos mesmo quando os testemunhava com seus próprios olhos. Tive de chegar à conclusão de que as pessoas comuns negam ver o que não conseguem entender, recusando-se, portanto, a acreditar em seus olhos quando não têm nenhuma explicação em suas mentes para o que veem. Como resultado, só consegui entender essas situações mergulhando em vários assuntos religiosos. Foi por meio de vários especialistas em conhecimento secreto e exorcismo que finalmente obtive as respostas. Ainda assim, eu não conseguia entender por que eles estavam me atacando, e demorei muito mais para perceber isso porque fui treinado por dois pais narcisistas para nunca ver essas coisas.

Foi somente quando me abri para meu verdadeiro potencial como espírito que tudo veio à tona. Agora espero que essas coisas aconteçam devido à importância do meu trabalho no mundo e à minha confiança renovada em minhas habilidades. Portanto, em vez de lutar contra a natureza do mal, aprendi a aceitá-lo simplesmente como o estado do mundo. Muitos são cegos, outros são pura maldade, e onde a luz vai, a escuridão reage com desconforto.

O fato de ter sido treinado na arte da telepatia levou meu conhecimento a uma profundidade totalmente nova, pois nunca imaginei como a mente de um narcisista poderia ser incrivelmente nojenta e doentia. Ser capaz de ler a mente de minha mãe e redirecionar e até mesmo anular seus pensamentos me fez perceber o quanto ela era obcecada por me menosprezar e invalidar, como se não conseguisse controlar sua necessidade de me atacar e fosse atormentada por isso. Eu via exatamente a mesma coisa em parceiros narcisistas que derramavam lágrimas quando o relacionamento terminava como resultado de seus próprios comportamentos compulsivos negativos.

Os narcisistas não são apenas doentes mentais, eles são receptáculos de influência demoníaca da mais baixa natureza. A sociedade não tem o conhecimento nem o discernimento para lidar com esses indivíduos, e a psiquiatria está longe de compreendê-los verdadeiramente além de suas ações. De fato, o estado apático das massas as leva a negar as evidências diante de seus olhos e a descartar a influência negativa do narcisismo como justificável quando se trata de encontrar um bode expiatório para evitar olhar para si mesmas e lidar com os perigos representados pelos narcisistas ao seu redor.

Capítulo 4: As contradições da mente narcisista

Embora a sociedade presuma erroneamente que a melhor resposta às pessoas más é não lhes dar nenhuma razão, a verdade é que, enquanto sua vibração for alta o suficiente, você será alvo dessas pessoas de baixa vibração que, muitas vezes, agem como receptáculos de entidades demoníacas precisamente porque sua alma está privada de energia vital e sua vibração é baixa o suficiente para atrair tais entidades. Elas baixaram sua vibração por escolha própria, cometendo crimes que não querem que os outros saibam, usando drogas que alteram a mente e alimentando pensamentos de ressentimento em relação aos outros, mesmo que a causa seja um pai que as traumatizou para o resto da vida ou simplesmente ciúme.

Não é incomum que uma mulher que tenha sido abandonada pelo pai ou que tenha visto o pai abusar fisicamente da mãe quando criança se torne uma narcisista que sempre odeia os homens e desconfia das mulheres, ou até mesmo que guarde ressentimento contra as mulheres enquanto finge ajudá-las. Esse foi o caso de uma ucraniana que conheci, que foi abandonada pelo pai quando criança e depois decidiu trabalhar como psicóloga ajudando mulheres em processo de divórcio. Ela também admitiu que não podia resolver os problemas de ninguém.

Conheci muitos psicólogos que fazem exatamente isso, mas a cada ato contra a sociedade, esse indivíduo perpetua seu estado mental e se aprofunda no abismo do medo, onde só consegue encontrar paz manipulando, menosprezando e degradando os outros. É por isso que muitas dessas pessoas sofrem terrivelmente com suas próprias mentes e buscam constantemente alívio em métodos alternativos, como foi o caso daquela psicóloga ucraniana que buscava constantemente respostas e não as encontrava. Ela mesma se sentia solitária e não conseguia encontrar um parceiro aos 35 anos de idade.

Parecia que ela estava procurando respostas tanto quanto estava procurando justificativas para suas crenças, porque esse é o ciclo em que os narcisistas se colocam quando se recusam a ir além das racionalizações que fazem do mundo. Um narcisista pode insultá-lo mil vezes e depois, quando você responde, diz: "Viu, eu sabia que você estava fingindo ser outra pessoa porque você não é uma pessoa legal".

Eles veem os outros como veem a si mesmos, portanto, não acreditam que alguém possa fingir ser outra pessoa por tanto tempo. Em outras palavras, eles não conseguem acreditar que as pessoas possam ser honestas, porque no cérebro do narcisista, um é igual a dois e igual a zero. Ou, como minha mãe narcisista costumava me dizer: As pessoas são más e você tem de aprender a ser mais esperto do que elas.

É realmente assim que os narcisistas se veem no mundo, como vítimas de um mal maior, em que seu próprio mal é justificado pela necessidade de sobreviver nesse inferno. É por isso que eles acham que a moralidade é para os fracos e a honestidade é para os estúpidos. Eles valorizam apenas o engano, e é por isso que os filmes favoritos dos narcisistas são frequentemente listados como A Lista de Schindler, Instinto Básico, O Talentoso Mr. Ripley, Ninfomaníaca, O Lobo de Wall Street, Ex-Machina. O que esses filmes têm em comum? Indivíduos que obtêm sucesso por meio do engano e enganam a todos.

Os narcisistas estudam a si mesmos por meio de filmes tanto quanto estudam o ocultismo, não porque o ocultismo seja maligno em si, mas porque estão procurando maneiras de obter informações sobre outras pessoas que nunca foram contadas. Um narcisista quase nunca reflete sobre seu comportamento, mesmo quando deseja fazê-lo, e é por isso que ele acaba se aprofundando em sua manipulação quando estuda a si mesmo. A única razão pela qual um narcisista procuraria um terapeuta seria para saber mais sobre suas próprias vítimas. Quase todo narcisista tem um baralho de cartas de tarô escondido em algum lugar, não para estudar a si mesmo, mas para estudar as pessoas que conhece.

Pelas mesmas razões, não é incomum que muitos psicólogos fracassados que sofrem de narcisismo explorem o uso de cartomancia, runas e outros métodos divinatórios em sua prática com a intenção de curar a si mesmos e aos outros, essencialmente reconhecendo o fracasso da psicologia em ajudá-los. No entanto, assim como os narcisistas buscam terapia para melhorar suas táticas, os terapeutas narcisistas oferecem a seus pacientes seu fracasso absoluto por meio de métodos mais manipuladores e maior degradação da sociedade, que eles apresentam como formas inovadoras de elevar os outros com base em práticas e estudos ocultos.

Eles fazem o mesmo por meio da religião, e é por isso que pode ser tão confuso encontrar estupradores e pedófilos entre os líderes religiosos. No início dos anos 2000, a Arquidiocese de Boston foi o centro de um grande escândalo envolvendo o abuso sexual de menores por padres. A investigação revelou que a igreja havia sistematicamente encoberto esses abusos durante décadas. John Geoghan, um padre católico da Arquidiocese de Boston, foi acusado de abusar sexualmente de mais de 130 crianças em um período de 30 anos. Mas histórias de pedofilia e estupro também são encontradas entre gurus hindus, estudiosos islâmicos, monges budistas, autoridades sikhs e rabinos judeus.

Capítulo 5: A evolução do pensamento

Não há fim para o que os narcisistas podem fazer, como já vi muitas vezes ao longo dos anos. Eles até escrevem livros sobre métodos alternativos ou inventam seus próprios métodos e dão a eles nomes místicos, como conexões cósmicas, e depois usam o título de psicólogo ou médico para dar mais credibilidade à sua destruição, quando o ato em si é uma completa contradição do que a ciência deveria ser.

Não é de surpreender que essas sejam as mesmas pessoas que confundem o cérebro com a alma e o espírito, misturando-os como se estivessem fazendo um smoothie com ingredientes diferentes.

Por outro lado, o cérebro não é compartimentado como ensina a neurologia, muitas vezes se contradizendo em suas próprias teorias, mas atua como uma máquina integradora que opera com base no estado espiritual do indivíduo, e isso significa que se o indivíduo mudar seu foco para a negatividade, o ressentimento e a autodepreciação, essas emoções atuarão como catalisadores para o cérebro e ele mudará de acordo com isso.

Confundir o cérebro inteiro com suas partes, ou o cérebro com a alma, a personalidade e o espírito, é a causa principal de todos os mal-entendidos, tanto na ciência quanto na religião, e não é de surpreender que os narcisistas sejam os que mais perpetuam, promovem e reforçam essa confusão. Mas se a arma favorita do narcisista é a confusão, o oposto também é o que os narcisistas mais temem: Clareza, percepção e objetividade.

Quanto mais você entender e souber, mais poderá resistir ao caos que os narcisistas promovem e se distanciar desse mundo. Então, o que os narcisistas fazem para impedir mentes curiosas como a sua? Eles escrevem os livros que prometem respostas e acrescentam mais confusão à sua mente. Eles também substituem sua necessidade de entender pelo imperativo de memorizar ou enfrentar punições por meio do sistema educacional ou de qualquer método de aprendizado que você esteja usando.

Em essência, os narcisistas fazem o possível para impedir que você entenda qualquer coisa e, com tantos deles no mundo, não é de surpreender que a confiança, ou a capacidade de ser confiável, tenha se tornado uma qualidade tão rara. No entanto, até mesmo isso é atacado pelos narcisistas, pois eles fazem o possível para desacreditar a pessoa mais confiável. Os narcisistas fazem isso o tempo todo quando analisam meus livros, deixando insultos que não dizem nada sobre o conteúdo. O autor é mau, louco, narcisista e psicopata estão entre esses insultos.

Os narcisistas geralmente vencem porque o resto da população é suficientemente estúpida, apática e desinformada para acreditar em qualquer coisa ou, pelo menos, considerar uma opinião tola sem nenhum bom senso. Muitas pessoas nunca encontrarão as respostas que estão procurando porque um narcisista escreveu uma mentira sobre um autor ou seu livro.

É uma pena que as pessoas sejam enganadas tão facilmente. A ignorância é realmente sua ruína em muitos outros aspectos além daqueles percebidos pelos olhos. Mas o mundo não será um lugar melhor se permitirmos que essa dinâmica continue. Os narcisistas são muito mais ativos em destruir o mundo do que outras pessoas em elogiar aqueles que os ajudam e contribuem para um mundo melhor. Um narcisista investirá bilhões para destruir uma nação, mas a pessoa comum raramente pagará algo por um livro.

De acordo com uma pesquisa do Centro de Pesquisas Pew de 2018 nos Estados Unidos, cerca de 24% dos adultos americanos disseram não ter lido nenhum livro, mas, no mesmo ano, os Estados Unidos investiram US$ 740 bilhões em atividades militares.

Você é um tolo se achar que os narcisistas mudarão essa dinâmica e não se esforçarão mais para piorá-la. Os narcisistas não estão interessados em educar uma população. Eles estão interessados em obter mais poder por meio da degradação e do empobrecimento dos outros, portanto, é aí que investem seu tempo e esforço.

As pessoas são vítimas de sua própria estupidez quando investem seu tempo na luta contra outros grupos de pessoas em vez de ler, mas é mais provável que o idiota comum pegue uma arma para atirar em alguém com qualquer desculpa que tenha na cabeça do que pegar um livro para aprender algo novo.

Se as pessoas passassem mais tempo lendo, passariam menos tempo julgando e fazendo fofocas sobre os outros. A pessoa que está preocupada em julgar os outros certamente não tem nada com que ocupar a mente, pois é impossível ouvir um audiolivro e permanecer concentrado no que as outras pessoas estão fazendo ao nosso redor.

Capítulo 6: Por que os narcisistas continuam os mesmos

Os narcisistas são previsíveis por qualquer diagnóstico psiquiátrico, precisamente porque os terapeutas não abordam as causas, mas simplesmente deixam as pessoas confortáveis com os efeitos, muitas vezes ensinando-as que elas são meramente um efeito da doença dos outros e que não há nada que possam fazer a respeito. Ou pior, usam métodos místicos para ensiná-las que ser esse efeito é o caminho de suas vidas, degradando-as assim por meio do uso de falsos ensinamentos.

Para mudar sua situação, o indivíduo precisa reformar todo o seu estado de ser, o que, na maioria dos casos, nunca acontecerá, justamente porque ele se apegou a essa personalidade artificial e tem medo de perdê-la e se tornar nada, começando tudo de novo para aprender a ser humano. As pessoas más se aproveitam dessa realidade quando a usam contra a pessoa para alegar que ela está em um caminho espiritual, pois assim podem lucrar mais com essa crença, enquanto suprimem a insegurança do indivíduo por trás de sua falsa confiança ou confiança absoluta em uma falsa teoria.

Essa é a mesma tática que muitos pregadores usam e é por isso que ela é tão eficaz. Eles se aproveitam do fato de que as pessoas querem ser amadas e aceitas, não mudadas e julgadas. Sei disso porque sempre que pude ajudar essas pessoas, foi exatamente isso que elas me disseram: "Não sei mais quem sou e tenho medo".

Esse estado não duraria muito tempo porque ninguém quer ter medo do desconhecido, mesmo que esse desconhecido seja um limite imaginário na mente. Como resultado, eles rapidamente buscam âncoras de validação que os enraízam de volta ao antigo eu. Isso significa procurar companheiros e colegas que os ajudem, seja fazendo com que odeiem aquele que está tentando ajudá-los, seja simplesmente distraindo o narcisista com drogas e convencendo-o a cometer erros que prejudicam a terapia que está recebendo. Eles continuam regredindo ao estado anterior até que finalmente param de mudar por exaustão. É por isso que não podem ser mudados.

A sociedade como um todo se esforça ao máximo para impedi-los de mudar, como se uma legião de demônios viesse em seu auxílio para impedi-los de ver a luz. As piores pessoas que você encontra geralmente são as que o narcisista chama de melhores amigos, porque o narcisista é uma criança subdesenvolvida, um idiota em um corpo de adulto. Eles preferem morrer estúpidos a mudar, convencidos de que é melhor morrer como o que os outros aprovam do que ficar sozinhos na felicidade. Eles nem mesmo acreditam que tal coisa exista, por isso riem de qualquer ensinamento espiritual que mostre um caminho para um eu superior e constantemente menosprezam aqueles que seguem caminhos espirituais. Muitos deles afirmam que estou inventando o que escrevo porque não acreditam e até odeiam a ideia de que essas informações possam ajudar alguém.

Eles são avessos a ajudar a si mesmos e aos outros, por isso odeiam aqueles que oferecem ajuda eficaz. Se o narcisista se tornar um profissional em uma área que deveria ajudar os outros, ele perverterá as informações e o processo. É por isso que os médicos assassinam pacientes o tempo todo sob o pretexto de diagnósticos errados, que os pais mandam seus filhos para escolas onde eles sofrem bullying e são espancados ou até mesmo mortos em brigas e roubos, e que os professores mentem deliberadamente com estatísticas para impor sua própria agenda social aos alunos.

Poderíamos discutir se essas pessoas são realmente estúpidas, apenas arrogantes ou más. Em geral, elas são as três coisas, enquanto outras vezes são claramente más e parecem apenas estúpidas. De qualquer forma, elas estão determinadas a ter sucesso em metas ou tarefas de curto prazo que produzam resultados rápidos e visíveis, em vez de pensar a longo prazo, e é por isso que se concentram em impedir os outros em vez de planejar o futuro ou buscar acordos. Sua maledicência é essencialmente uma tentativa de deter alguém que seja uma ameaça para eles, mesmo que essa ameaça seja imaginária. Eles estão determinados a deter a sociedade e a fazê-la retroceder pelo mesmo motivo, porque rebaixar os outros faz com que se sintam mais seguros dentro de si mesmos.

Uma das razões pelas quais eles vencem nesse jogo é porque sabem que a maioria das pessoas é egoísta, de modo que o narcisista pode explorar as necessidades delas por meio desse egoísmo e, então, ganhar a confiança delas, especialmente se essas pessoas forem amigas da pessoa que eles estão tentando atingir. Por exemplo, uma enfermeira narcisista pode se oferecer para ajudar um parente com problemas de saúde e depois usar a situação para difamar alguém que ela odeia, e ela fará isso cuidadosamente depois de ganhar a confiança da pessoa doente que agora se sente em dívida com a enfermeira.

Elas usam a mesma tática para subir na escala social, pois não são muito boas em conquistar a confiança das pessoas por meio de seu trabalho, porque é basicamente uma farsa. Em vez disso, eles sabotam a imagem dos outros para ganhar vantagem, e fazem isso depois de estudá-los cuidadosamente e copiar suas melhores características para fingir que são superiores.

Capítulo 7: Quando as boas ações não são retribuídas

Você saberá quem são seus inimigos e, principalmente, quem traiu sua confiança, quando precisar de ajuda e todos o abandonarem, inclusive as pessoas que você ajudou, seja para conseguir um emprego ou para superar a solidão e as dificuldades financeiras. Além dos narcisistas, as pessoas estúpidas em geral têm memória curta, portanto, não têm empatia nem senso de responsabilidade em relação àqueles que as ajudam. Em um momento, elas pedem sua ajuda e, uma hora depois, quando você liga e pede o mesmo, elas dizem: Boa sorte!

Já ajudei pessoas a abrir um negócio que nem sequer me ofereceram um sofá para dormir, e isso diz muito sobre o nível de egoísmo das pessoas, seja porque você as conhece há muitos anos ou porque são membros da família. O mau cheiro do lixo é o mesmo, por isso tirei da minha vida todas as pessoas em quem não posso confiar.

É triste pensar que não se pode realmente confiar na maioria das pessoas porque elas não valem nada. Mas nem mesmo é útil ajudá-las porque elas o traem.

Certa vez, uma de minhas leitoras pediu para trabalhar para mim, e eu disse que precisava de alguém para me ajudar a traduzir os livros. Ela pediu US$ 5.000 adiantados e, quando viu a quantidade de trabalho, disse que não faria isso. Ela me devolveria o dinheiro se eu a pagasse? Provavelmente não! Mas, então, qual é o objetivo de meus livros se os leitores tentarem enganar seu próprio autor favorito? Qual é o nível moral deles? Por que eu deveria escrever um livro em um mundo assim?

Quando uso o termo "pessoas estúpidas", poderia dizer "idiotas", "indivíduos tóxicos", "narcisistas", "sociopatas" ou "psicopatas", mas a palavra em si não importa, porque ainda não há clareza suficiente no planeta para entender o significado e a extensão do que estou tentando dizer, ou seja, que há uma grande população neste planeta que não merece nada do que recebe, nem mesmo simpatia por seu infortúnio. Há tantos narcisistas com poder quanto pessoas que desrespeitam e abusam daqueles que as ajudam. O envolvimento de um elemento na causa do mal é tão ruim quanto o outro.

Não podemos imaginar um mundo melhor com tecnologia avançada sem considerar a necessidade de mais honestidade, integridade, altruísmo, bondade, empatia, criatividade e confiabilidade na sociedade. O avanço no conforto e na eficiência dos sistemas e instituições do mundo nunca existirá sem o avanço das qualidades humanas.

Se você permitir que os narcisistas vençam, pagará o preço em carma autoinfligido - os problemas em sua vida diária. Pois nunca haverá mais empreendedorismo, mais ideias e melhor ciência, nem mesmo mais honestidade e um nível mais alto de compromisso com o bem comum, independentemente de raça, credo ou cor, se os narcisistas continuarem a suprimir essas coisas e a degradar as pessoas mais importantes, trabalhadoras e inovadoras entre nós. Isso nunca acontecerá enquanto os narcisistas puderem arrastar todos para trás, degradar os valores humanos, corromper a lei e degradar a moralidade enquanto ocupam posições de superioridade moral e poder.

Os narcisistas são hostis com aqueles que têm mais potencial e geralmente degradam o senso de identidade de uma pessoa. Se você for uma criança, os efeitos podem durar muito tempo. Por exemplo, lembro-me de meus pais me dizendo que eu era uma pessoa inútil porque não sabia cozinhar, mas eles nunca me ensinaram e nunca pediram a ninguém que me ensinasse. Em vez disso, eles ficavam felizes em usar o fato de que tinham de me alimentar para me humilhar, e essa era uma das muitas táticas que usavam para me abusar psicologicamente. Mais tarde, aprendi a cozinhar para mim mesmo e tenho orgulho de dizer que cozinho melhor do que muitos dos restaurantes em que como no mundo todo, mas não tenho motivação para cozinhar para mim mesmo e talvez nunca tenha. A menos que eu esteja cozinhando para outras pessoas, não tenho interesse em comer o que preparo. Meus pais destruíram essa alegria para sempre.

Quando você cresce em um ambiente tóxico, especialmente quando está cercado de idiotas por todos os lados, pode levar anos para entender o que realmente aconteceu com você. A maioria das pessoas nem sequer permite que você faça isso porque são tão incrivelmente estúpidas que presumem que essas histórias são inventadas ou que você, de alguma forma, merece o que aconteceu com você.

Muitas pessoas cometeram suicídio por muito menos, mas raramente, ou nunca, seus assassinos vão para a cadeia porque o abuso psicológico não é um crime tão óbvio quanto esfaquear alguém. No entanto, pode ser mais destrutivo, não apenas quando envolve suicídio, mas porque os efeitos duram a vida inteira e o impacto é muito maior do que um ferimento físico - significa perder todas as pessoas que você conhecia, inclusive você mesmo e o que o fazia feliz, e ter de recomeçar sua vida, muitas vezes, se necessário.

Enquanto isso, você tem um alvo em suas costas que diz que você é uma vítima. Você age como uma vítima, pensa como uma vítima e talvez nem saiba disso, simplesmente porque passou a infância inteira com medo das consequências de seus pensamentos e com vergonha de estar vivo.

Capítulo 8: Confrontando as mentiras dos narcisistas

Um dos motivos pelos quais os narcisistas e os empatas podem ser facilmente confundidos é que ambos estão perseguindo o amor, o amor que nunca tiveram. A diferença é que o empático busca validação por meio de suas ações, enquanto o narcisista busca validação por meio de suas mentiras.

Pouquíssimas pessoas conseguem perceber a diferença, e é por isso que o narcisista geralmente vence. O narcisista vence no curto prazo porque consegue enganar muitas pessoas, mas, no longo prazo, sabemos que o trabalho árduo e a dedicação à vida sempre vencem porque criam caráter e levam a mais experiências e também a mais oportunidades na vida.

A impressão de que o empata perde é uma ilusão, porque tem a ver com as pessoas que ele tem de deixar para trás quando encontra seu próprio caminho, pessoas que o abandonaram em favor do narcisista. O empata só pode perder se esquecer de si mesmo, que é o que o narcisista pretende quando diminui sua autoestima. O empático também perde se tiver medo de ofender outras pessoas e evitar discordar delas, ou se desenvolver um medo irracional do sucesso por esses motivos. Isso também pode acontecer se ele tiver um medo irracional de punição.

Da mesma forma que os narcisistas são especialistas em minar o potencial de sucesso de outras pessoas, os empatas se tornam especialistas em minar seu próprio potencial, muitas vezes se rebaixando quando suas realizações na vida mostram o contrário. Confundimos o comportamento do empata com humildade, em vez de vê-lo como ele realmente é: autodepreciação e autodesvalorização.

O empata também pode estar se confundindo quando pensa que está sendo humilde, mas seus sentimentos sobre si mesmo e seus pensamentos são muito claros e autoexplicativos:

- A autodepreciação é uma forma extrema de desvalorização, geralmente motivada por sentimentos de culpa, vergonha ou inutilidade. Exemplo: "Sou um fracasso total, não consigo fazer nada direito, sou inútil."

- A autodepreciação envolve tanto se rebaixar quanto diminuir o próprio valor. Pode ser usada em um sentido mais amplo para incluir tanto a humilhação quanto a autodepreciação. Geralmente envolve uma autoimagem negativa e uma tendência a menosprezar as habilidades ou realizações da pessoa. Exemplo: "Eu sempre faço besteira. Não sou inteligente o suficiente para este trabalho. Simplesmente não fui feito para o sucesso".

- A autodepreciação envolve fazer comentários depreciativos sobre si mesmo, geralmente de forma humorística ou zombeteira. Pode ser uma forma de desviar as críticas, parecer humilde ou fazer com que os outros se sintam mais confortáveis. No entanto, quando levada ao extremo, também pode ser um sinal de baixa autoestima. Exemplo: "Ah, eu sou apenas um péssimo cozinheiro. Você realmente não deve esperar muito de minha comida."

- A autodesvalorização envolve a subvalorização ou subestimação das habilidades, do valor ou das contribuições de uma pessoa. Isso geralmente decorre de uma falta de confiança ou autoestima e pode levar a uma falha em reconhecer os próprios pontos fortes e realizações. Exemplo: "Acho que não estou qualificado para essa promoção. Há muitas pessoas que são melhores do que eu".

Esses termos captam uma nuance diferente de como os empatas podem se rebaixar ou subestimar seu valor. Mas para entender por que o empata internalizou esses sentimentos e pensamentos sobre si mesmo, devemos considerar o que ele ouviu na infância que os causou. Alguns exemplos de frases narcisistas comuns são:

- "Você é sempre tão sensível. Precisa ser mais forte".

- "Você não é tão especial quanto pensa que é. Você é igual a todo mundo."

- "Você não é capaz de lidar com isso. Você deve se afastar e deixar que alguém mais competente assuma o controle."

- "Você não é tão bom quanto pensa que é. Você é apenas mediano."

- "Você não vale o esforço. Você deveria simplesmente desistir."

Essas afirmações são feitas para minar a autoestima e a confiança do empata, fazendo com que ele questione suas habilidades e seu valor. O narcisista usa essas táticas para manter o controle e a superioridade, muitas vezes fazendo com que o empata internalize sentimentos de inadequação e dúvida.

Capítulo 9: Como combater a manipulação narcisista

Considere os exemplos de frases narcisistas abaixo e use-os para identificar narcisistas passados ou presentes em sua vida. Comece sua jornada de cura afirmando o oposto do que ouviu.

A) Combater a auto depreciação - Essa categoria se concentra em frases que diminuem o valor e a felicidade da pessoa:

A.1. Sou digno de amor e das coisas boas da vida. Eu mereço a felicidade e o sucesso.

Contra: Você não tem valor. Você não merece nada de bom na vida.

A.2. Estou em um caminho de crescimento e sucesso. Alcançarei grandes feitos.

Contra: Você é um fracasso total. Você nunca será importante para nada.

A.3. Estou fazendo o meu melhor e progredindo. Não sou uma decepção.

Contra: Você é uma decepção. Você sempre decepciona a todos.

A.4. Sou importante e meus sentimentos são importantes. Mereço ser tratado com respeito.

Contra: Seus sentimentos não importam. Não são importantes o suficiente para se preocupar com eles.

A.5. Tenho o poder de fazer mudanças positivas em minha vida. Sou capaz de atingir minhas metas.

Contra: Você não pode mudar nada. Você simplesmente não tem a capacidade de atingir suas metas.

B) Combate à autodepreciação - Essa categoria inclui frases que depreciam a inteligência, as habilidades e o potencial da pessoa:

B.1. Sou inteligente e capaz. Posso enfrentar qualquer desafio que apareça em meu caminho.

Contra: Você não é inteligente o suficiente para lidar com isso. Deixe que outra pessoa o faça.

B.2. Estou destinado ao sucesso. Não aceitarei limitações impostas a mim por outras pessoas.

Contra: Você não está destinado ao sucesso. Você deve simplesmente aceitar suas limitações.

B.3. Sou capaz de aprender e melhorar. Não sou definido por meus erros do passado.

Contra: Você simplesmente não é bom o suficiente. Você deve desistir.

B.4. Tenho percepções e ideias exclusivas que são valiosas. Sou criativo e engenhoso.

Contra: Suas ideias são estúpidas. Você não é criativo ou engenhoso.

B.5. Sou capaz de aprender coisas novas e me adaptar às mudanças. Aceito bem o crescimento e os desafios.

Contra: Você não pode aprender coisas novas. Você nunca será capaz de se adaptar ou mudar.

C) Rebater a autodepreciação - Essa categoria inclui frases que minimizam ou ridicularizam as habilidades e competências de uma pessoa:

C.1. Sou um bom cozinheiro e competente na cozinha. Espero grandes coisas de minha culinária.

Contraponto: Oh, você é apenas um péssimo cozinheiro. Você realmente não deveria esperar muito de sua culinária.

C.2. Sou habilidoso e capaz. Sou bom nessa tarefa.

Contra: Você não é muito bom nisso. Talvez você devesse se limitar a tarefas mais simples.

C.3. Sou competente e confiável. Posso lidar com essa responsabilidade.

Contra: Você não é confiável o suficiente para lidar com isso. Você deveria deixar isso para alguém mais capaz.

C.4. Eu me comunico bem e expresso meus pensamentos de forma eficaz. Tenho confiança em minhas habilidades.

Contra: Você é péssimo para se expressar. Você deveria ficar quieto.

C.5. Sou organizado e eficiente. Administro bem meu tempo e minhas responsabilidades.

Contra: Você é muito desorganizado. Você não consegue lidar com nenhuma responsabilidade.

D) Rebatendo a autodesvalorização - Essa categoria inclui frases que desprezam ou subestimam os talentos, as contribuições e os ativos de uma pessoa:

D.1. Sou talentoso e capaz. Sou realista quanto às minhas habilidades e pontos fortes.

Contra: Você não é tão talentoso quanto pensa. Precisa ser mais realista em relação às suas habilidades.

D.2. Faço uma contribuição significativa para minha equipe e meus projetos. Minha contribuição é valiosa.

Contra: Você não contribui muito. Você deve deixar que outros assumam a liderança.

D.3. Sou valioso e minha contribuição é valorizada. Sou um ativo para a minha equipe.

Contra: Você não contribui o suficiente. Você deveria se afastar.

D.4. Meus esforços são reconhecidos e valorizados. Faço a diferença em meu trabalho.

Contra: Ninguém se importa com seus esforços. Você realmente não faz a diferença.

D.5. Trago pontos fortes e perspectivas únicas para a minha equipe. Minha contribuição é essencial.

Contra: Seus pontos fortes são irrelevantes. Sua contribuição não é necessária nem desejada.

Capítulo 10: Identificação de frases de gatilho

Embora as seções anteriores tenham se concentrado em combater diretamente as frases narcisistas, as frases de gatilho são mais sutis e insidiosas. Essas frases são projetadas para provocar respostas emocionais específicas e manipular as percepções e os sentimentos da vítima.

As frases de gatilho geralmente são usadas para confundir, culpar ou descartar as experiências da vítima, criando dúvidas e confusão. Entender e reconhecer esses gatilhos é fundamental para que as vítimas possam combater as táticas de manipulação e reafirmar sua realidade e autoestima.

Nos exemplos abaixo, você encontrará o seguinte:

1 - Frases usadas pelo narcisista e sua finalidade.

2 - Gatilhos: A resposta emocional ou psicológica imediata pretendida para a frase. Se usada com frequência, ela se torna uma resposta condicionada. Em outras palavras, ela faz com que

você se sinta involuntariamente de uma determinada maneira e tem efeitos fisiológicos e psicológicos predeterminados que podem ser interpretados como uma resposta ao trauma. É por isso que as vítimas de abuso narcisista podem apresentar sintomas de transtorno de estresse pós-traumático mesmo depois que o narcisista se foi.

3 - Efeitos: O impacto de longo prazo sobre o comportamento, a autoimagem ou a dinâmica do relacionamento da vítima. Nesse caso, estamos falando dos danos psicológicos que afetam as vítimas de narcisismo pelo resto da vida se não forem confrontadas e tratadas. Esses efeitos também estão no centro dos erros que as vítimas cometem em resposta a suas experiências.

A) Frases criadas para desafiar a realidade e a percepção - Essas frases são criadas para distorcer o senso de realidade da vítima e fazer com que ela questione suas memórias, percepções e respostas emocionais:

1. "Você está louco" e "Você está exagerando";

Gatilhos: Faz com que a vítima duvide de sua sanidade, de suas percepções e de suas reações emocionais.

Efeito pretendido: Faz com que a vítima questione sua realidade e reprima seus sentimentos, levando-a a duvidar de si mesma e a se confundir.

2. "Eu nunca disse isso" e "Eu nunca fiz isso";

Gatilho: Faz com que a vítima questione sua memória e percepção dos eventos.

Efeito pretendido: Causa dúvidas, confusão e faz com que a vítima não tenha certeza de que se lembra dos fatos, o que acaba desvalorizando suas experiências.

3. "Você é hipersensível";

Gatilho: Desconsidera e invalida os sentimentos e as emoções da vítima.

Efeito pretendido: Faz com que a vítima se sinta excessivamente sensível, levando-a a suprimir ou ignorar seus sentimentos e necessidades. Isso também pode fazer com que a vítima duvide de sua inteligência emocional e resiliência.

4. "Você me obrigou a fazer isso";

Gatilho: Culpa a vítima pelas ações do manipulador, transferindo a responsabilidade para a vítima.

Efeito pretendido: Faz com que a vítima se sinta responsável e culpada pelo comportamento do manipulador. Isso pode levar à autoculpa, à dúvida e a um senso distorcido de responsabilidade.

B) Frases criadas para fazer com que a vítima se sinta mal consigo mesma - Essas frases são criadas para diminuir a autoestima da vítima e fazer com que ela se sinta inadequada ou não amável:

1. "Você é egoísta" e "Você só se preocupa consigo mesmo";

Gatilhos: Acusar a vítima de ser egocêntrica e sem consideração.

Efeito pretendido: Faz com que a vítima se sinta culpada por ter necessidades e querer se colocar em primeiro lugar. Isso pode levar à negligência consigo mesma e a um senso distorcido de prioridades.

2. "Ninguém mais aguentaria você."

Gatilho: Implica que a vítima é difícil de amar ou de conviver.

Efeito pretendido: Faz com que a vítima se sinta inadequada, não amável e presa no relacionamento. Isso pode levar a sentimentos de impotência e baixa autoestima.

3. "Sinto muito que você se sinta assim";

Gatilho: Desconsidera os sentimentos da vítima sem assumir a responsabilidade.

Efeito pretendido: Desconsidera os sentimentos da vítima e desvia o foco das ações do manipulador. Isso pode fazer com que a vítima reprima seus sentimentos e duvide de suas experiências emocionais.

4. "Você está imaginando coisas";

Gatilho: Confunde a vítima, fazendo com que ela duvide de suas percepções.

Efeito pretendido: Causa dúvida, confusão e faz com que a vítima não tenha certeza de sua interpretação dos eventos. Isso pode levar a um senso distorcido da realidade e ao autoquestionamento.

C) Frases criadas para fazer com que a vítima se sinta culpada, ingrata ou dramática - Essas frases são criadas para manipular a vítima para que ela se sinta culpada ou exagere seus sentimentos:

1. "Você deveria ser grato pelo que eu faço por você."

Gatilhos: Implica que a vítima é ingrata pelos esforços do manipulador.

Efeito pretendido: Faz com que a vítima se sinta ingrata e em dívida, incentivando-a a tolerar maus-tratos ou abusos. Isso pode levar a um senso de obrigação e aprisionamento.

2. "Você é igual à sua mãe", "Você é igual ao seu pai" ou "Você é igual ao seu tio";

Gatilho: Compara a vítima a um membro da família, geralmente com conotações negativas.

Efeito pretendido: Provoca emoções negativas e faz com que a vítima se sinta inadequada ou defeituosa. Isso pode levar à dúvida e à distorção da autoimagem.

3. "Se você realmente me amasse, você faria isso."

Gatilho: Manipula a vítima para que faça o que o manipulador quer.

Efeito pretendido: Faz com que a vítima se sinta culpada por não obedecer e questione seu compromisso com o relacionamento. Isso pode levar à perda dos limites pessoais e da autonomia.

4. "Você está sendo dramático";

Gatilho: Desconsidera os sentimentos e as reações da vítima como exagerados.

Efeito pretendido: Invalida os sentimentos da vítima e faz com que ela sinta que suas preocupações não são legítimas. Isso pode levar à insegurança e à repressão emocional.

D) Frases criadas para fazer com que a vítima se sinta carente, desamparada ou que há algo errado com ela - Essas frases são criadas para fazer com que a vítima se sinta emocional ou mentalmente instável, carente ou desamparada:

1. "Você precisa de ajuda" ou "Você deveria procurar um terapeuta".

Gatilhos: Implica que a vítima é mental ou emocionalmente instável.

Efeito pretendido: Faz com que a vítima sinta que há algo errado com ela e questione seu bem-estar mental. Isso pode levar à dúvida e a um senso distorcido de si mesma.

2. "Você é muito carente" ou "Você é muito pegajoso";

Gatilhos: Faz com que a vítima se sinta mal por ter necessidades e querer proximidade.

Efeito pretendido: Faz com que a vítima se sinta insegura, indesejada e culpada por expressar suas necessidades. Isso pode levar à autonegligência e ao medo do abandono.

3. "Estou apenas tentando ajudá-lo";

Gatilho: Manipula a vítima para que acredite que o manipulador tem boas intenções.

Efeito pretendido: Faz com que a vítima duvide de seu próprio julgamento e ignore o comportamento prejudicial do manipulador. Isso pode levar à perda de confiança em seus próprios instintos e à tolerância contínua ao abuso.

4. "Você sempre faz isso";

Gatilho: Generalizar e ignorar o comportamento ou os sentimentos da vítima.

Efeito pretendido: Faz com que a vítima sinta que suas ações ou sentimentos são previsíveis, inválidos ou sem importância. Isso pode levar à dúvida e à perda de confiança em suas próprias experiências.

Capítulo 11: Uma história de duas doenças mentais

As vítimas de narcisismo muitas vezes podem ser rotuladas como introvertidas, assim como os narcisistas podem ser percebidos como extrovertidos, quando a verdade é que o narcisista está colocando uma fachada enquanto a vítima de narcisismo está lidando com seus sentimentos de inadequação e falta de autoestima. A vítima não tem confiança, enquanto o narcisista finge ser confiante para exagerar as qualidades que não possui.

É por isso que a palavra "empático" não é tão positiva quanto pode parecer à primeira vista, porque o empático não é necessariamente um indivíduo altruísta, mas simplesmente alguém que sente empatia pelo sofrimento dos outros. Isso ocorre porque eles conseguem se ver por meio das emoções dos outros.

A razão pela qual muitos empatas são vítimas de abuso narcisista pelo resto de suas vidas é que o narcisista sabe como fingir ser vítima de suas próprias ações e das consequências de seus erros para obter a empatia do empata.

Os narcisistas têm como alvo específico os empatas e os escolhem para um relacionamento, seduzindo-os com a clara intenção de ganhar sua confiança, porque os narcisistas sabem que os empatas são mais tolerantes a abusos do que qualquer outra pessoa. A fachada do narcisista de ser uma vítima da vida que ele criou para si mesmo não é apenas uma demonstração de falta de responsabilidade, mas também uma estratégia para ganhar a simpatia do empata.

O empático, por outro lado, não se apaixona pelas qualidades do narcisista porque elas não existem, mas sim pela fraqueza que o narcisista apresenta na forma de uma ilusão. Assim, enquanto o narcisista projeta uma ilusão para fazer o empata se apaixonar, o empata, em vez de se apaixonar por uma mentira, na verdade se apaixona pela ilusão projetada que representa ele mesmo.

O narcisista projeta uma personalidade que não tem, e o empata se apaixona pelas qualidades que não consegue ver em si mesmo, justamente porque não tem amor próprio. É uma combinação feita no inferno, porque ambos são doentes mentais, embora manifestem a doença de maneiras aparentemente contraditórias. É como se o empático dissesse: "Não mereço ser amado, mas posso amar outra pessoa", enquanto o narcisista diz: "Não posso amar ninguém, mas mereço ser amado". Ambos também aplicam a mesma mentalidade quando se trata de um relacionamento, porque complementaram sua disfunção de maneiras semelhantes ao longo dos anos.

Um dos erros mais comuns que vejo os empatas cometerem é presumir que são vítimas do narcisismo em vez de vítimas de suas próprias escolhas e crenças. Eles não conseguem ver que também são doentes mentais e, em vez disso, usam o narcisismo como um troféu de sua própria superioridade sobre as outras pessoas, basicamente agindo como um narcisista quando dizem que amam mais do que as outras pessoas e que foram feridos por causa de sua empatia pelos outros.

Isso não é a cura do abuso narcisista, é racionalizar a experiência e assimilá-la em sua mente como uma ferida permanente. É como embrulhar uma caixa cheia de lixo em uma embalagem bonita e colorida em vez de jogá-la fora.

Os empatas só podem se curar do abuso narcisista se deixarem de ter empatia por aqueles que são maus. Isso significa desenvolver o discernimento emocional, pois é a falta de discernimento emocional que os torna empáticos com aqueles que podem prejudicá-los. Isso precisa ser visto como uma deficiência psicológica em vez de uma vantagem cognitiva, o que não é o caso.

Passei muitos anos estudando o abuso narcisista, mas não consegui me curar até aprender o amor-próprio. São necessários anos para ficar sozinho consigo mesmo e encontrar uma razão para viver quando não há nenhuma fora de você. Você sabe que pode amar a si mesmo quando é capaz de deixar de lado as pessoas que não o respeitam. Até lá, você não pode dizer que o amor é cego à falta de respeito ou que você tolera o abuso dos outros porque tem mais empatia do que a média das pessoas. Isso não é amor, é doença mental. Quando duas pessoas com doenças mentais se unem, você tem o que se chama de relacionamento tóxico.

Somente quando você for capaz de se livrar de um parceiro desrespeitoso para encontrar uma solidão pacífica é que poderá entender o amor-próprio e só então poderá encontrar o amor verdadeiro. Mas aqui está outro desafio: como os empatas foram abusados na infância, é provável que não entendam o amor verdadeiro e, portanto, não desenvolvam sentimentos pela pessoa certa, da mesma forma que um narcisista não o verá.

A diferença é que, enquanto os narcisistas nunca encontram o amor verdadeiro porque buscam admiração, os empatas podem encontrar o amor verdadeiro assim que priorizarem o respeito, e aprenderão isso assim que desenvolverem o amor-próprio.

Capítulo 12: Confusão entre amor-próprio e narcisismo

Parece uma contradição dizer que os empatas precisam de amor-próprio, porque é como se os empatas precisassem se tornar como os narcisistas, assim como os narcisistas precisam procurar amor fora de si mesmos. Entretanto, a sociedade nega o amor-próprio do empata quando o confunde com egoísmo e egocentrismo e o condena como um ato de narcisismo. Mas a sociedade não sabe a diferença entre os dois e nem mesmo consegue distinguir um narcisista de um empático.

Se a pessoa comum não consegue distinguir um narcisista de um empático, por que deveríamos esperar que ela conseguisse distinguir o egoísmo da autoestima ou do amor-próprio? Elas não conseguem! As opiniões das massas ignorantes são inúteis e muitas vezes podem aumentar o dano psicológico causado pelo narcisista. Isso é especialmente verdadeiro se você compartilha as ações dos narcisistas em sua vida com outros membros da família, especialmente outros narcisistas.

Também vale a pena observar que a maioria das pessoas que conheci e que afirmam ser vítimas de narcisistas são elas mesmas narcisistas. Embora não seja incomum os narcisistas rotularem os empáticos como narcisistas, especialmente para depreciá-los e invalidá-los em público, também é verdade que os narcisistas geralmente se apaixonam por outros narcisistas ou, pelo menos, sentem uma forte atração e conexão emocional com eles. Esse talvez seja o exemplo mais óbvio de como um narcisista se autodestrói, pois ele busca a admiração daqueles que podem enganá-lo da mesma forma que ele enganou os outros.

Por esse motivo, enquanto o empático tem mais chances de se recuperar de sua doença mental, o narcisista tem mais chances de acabar com o coração partido e solitário mais tarde na vida, especialmente no caso de mulheres narcisistas.

No final, o empático pode optar por lutar contra a solidão e atravessar a escuridão para reconstruir a si mesmo e a sua vida, ou pode simplesmente desistir e deixar que o narcisista vença o jogo de rebaixar os outros, voltando-se para si mesmo e aceitando a mentira de que não é digno de amor e sucesso. Mas o narcisista nunca conseguirá encontrar o amor verdadeiro ou a realização por causa de sua obsessão com a manipulação e sua necessidade de ser admirado.

O narcisista pode até atingir um nível acadêmico e profissional muito alto, o que o faz trabalhar ainda mais para esconder sua incompetência e as mentiras que teve de produzir para chegar lá. Ele também terá de conviver com a tensão constante de fingir ser alguém que não é para as pessoas que ele despreza, mas que são atraídas por sua vida justamente porque ele conseguiu manipulá-las.

Por fim, a máscara cai e todos veem o narcisista como ele é. Mas essa máscara cai mais rapidamente do que com outras pessoas quando o narcisista e o empata se encontram em um relacionamento. O empático se esgota tentando fazer o narcisista feliz, enquanto o narcisista nunca consegue ser feliz e, por isso, se esgota competindo para derrubar o empático. Quanto mais amor o empata oferece, mais ódio o narcisista responde e, no final, o empata simplesmente se torna apático.

O narcisista sempre vence exaurindo os outros, e faz isso planejando e conspirando constantemente para sua queda. Mas isso também é o que faz com que o narcisista se arrependa de seu comportamento mais tarde, porque é claro que ele nunca encontrará uma pessoa empática em sua vida com facilidade. Todos os narcisistas que conheci acabaram se arrependendo de ter me perdido e me enviaram mensagens para que eu respondesse a eles.

Eu nunca respondia pelo motivo óbvio de que os narcisistas nunca mudam. Seu arrependimento é sempre em relação a si mesmos e ao fato de terem perdido seu brinquedo favorito e a atenção que ele lhes dava. Aos olhos do narcisista, você não é uma pessoa real, mas um objeto cujo valor é a atenção que você dá ou a validação que ele obtém dos outros por meio de você ou por tê-lo.

O narcisista só lamenta a própria infelicidade de não ter encontrado um brinquedo melhor para manipular em busca de afeto e atenção, mesmo que a vítima simplesmente ficasse pior do que antes se tivesse a mesma pessoa de volta. Isso ocorre porque o narcisista despreza a vítima tanto quanto despreza a si mesmo. Uma vítima que retorna ao abuso é ainda mais degradante aos olhos do narcisista do que aquela que teve de ser manipulada para ser abusada. Assim, o narcisista se sente mais justificado em abusar daqueles que voltam para ele do que daqueles que fogem.

Capítulo 13: O paradoxo do amor narcisista

O relacionamento entre narcisistas e aqueles que enxergam através de seu verniz apresenta um paradoxo desconcertante. Contraintuitivamente, os narcisistas geralmente demonstram maior respeito pelas pessoas que reconhecem sua verdadeira natureza, mesmo quando tentam puni-las ou controlá-las. Isso decorre da visão distorcida que o narcisista tem do amor, pois ele equipara o reconhecimento e o confronto com o afeto genuíno, independentemente de quão disfuncional seja essa dinâmica.

Essa visão distorcida do amor se estende à percepção que o narcisista tem da violência. Muitos narcisistas interpretam o comportamento agressivo ou abusivo como demonstrações apaixonadas de amor. Essa mentalidade geralmente leva a um ciclo cármico no qual os narcisistas são atraídos por parceiros igualmente voláteis que os desprezam, mas permanecem presos em relacionamentos tumultuados que podem durar décadas. Os papéis muitas vezes podem ser intercambiáveis, pois ambos os indivíduos aprendem a alternar entre agressor, salvador e vítima:

- Quando a pessoa A passa para o papel de vítima, a pessoa B passa para o papel de salvador.

- Quando a pessoa B passa para o papel de salvador, a pessoa A passa para o papel de agressor.

- Quando a pessoa A se torna o agressor, a pessoa B deixa de ser o salvador e passa a ser a vítima.

- Quando a pessoa A percebe que conseguiu fazer com que a pessoa B se sentisse desamparada, ela pode mudar para o papel de salvadora.

- Se a pessoa B aproveitar a transformação de salvador do narcisista e usar a vingança, a pessoa B se torna o agressor e a pessoa A passa para o estado de vítima.

Vamos examinar como a mudança de valência pode se aplicar aos exemplos acima:

1. Agressor para vítima: Um narcisista pode deixar de ser o agressor e passar a se fazer de vítima para manipular a outra pessoa no papel de salvador.

Por exemplo:

Agressor: "Você está louco" (questionando a realidade e a percepção).

Vítima: "Não acredito que você esteja sendo tão mau comigo. Só estou tentando fazer o melhor que posso" (mudar para o papel de vítima para obter simpatia ou fazer com que a outra pessoa se sinta culpada).

2. De vítima a agressor: Um narcisista que se faz de vítima pode mudar repentinamente para o papel de agressor quando achar que ganhou simpatia suficiente ou quiser recuperar o controle.

Por exemplo:

Vítima: "Ninguém mais aguentaria você" (fazendo a vítima se sentir mal).

Agressor: "Você é tão ingrato depois de tudo o que fiz por você!" (Mudar para o papel de agressor para fazer com que a outra pessoa se sinta culpada e em dívida).

3. Salvador do agressor ou da vítima: Um narcisista no papel de salvador pode mudar para agressor ou vítima quando não recebe a admiração ou a obediência que espera.

Por exemplo:

Salvador: "Estou apenas tentando ajudá-lo" (fingindo ter boas intenções).

Agressor: "Mas você não me ouve! Você é tão teimosa!" (Passando para o papel de agressor quando sua "ajuda" não é aceita).

Vítima: "Eu me esforço para ajudá-lo e é esse o agradecimento que recebo?" (Mudança para o papel de vítima para provocar culpa ou simpatia).

Na dinâmica entre dois narcisistas, essas mudanças de valência podem ocorrer com frequência e rapidez à medida que cada pessoa tenta ganhar vantagem ou manter o controle. Os papéis são intercambiáveis e as táticas de manipulação usadas podem mudar rapidamente, dependendo da situação e do resultado desejado.

Essa triangulação sempre ocorre entre um narcisista e quem quer que ele atraia para sua vida, que pode ou não ser outro narcisista. No entanto, quando uma pessoa é apanhada nesse ciclo, ele nunca termina. O narcisista sempre se faz de vítima quando a vítima desenvolve o respeito próprio e abandona o relacionamento, e imediatamente se torna o agressor quando a vítima cai na armadilha, iniciando o mesmo ciclo de loucura novamente.

Os empatas caem nas armadilhas do narcisista porque o narcisista apresenta uma condição fictícia ou pseudo-realista na qual eles precisam ser resgatados de uma situação que o narcisista criou deliberadamente ou da qual estão sofrendo como resultado de suas próprias ações. Essa também é a maneira típica pela qual os narcisistas são atraídos para um relacionamento com outro narcisista.

Por outro lado, como esses jogos mentais ocorrem com frequência em relacionamentos com narcisistas, é também por meio desses jogos que uma pessoa que antes era normal e saudável pode, com o tempo, tornar-se vítima de abuso narcisista e, mais tarde, tornar-se ela própria um narcisista.

Capítulo 14: Quando as vítimas espelham seus abusadores

O fenômeno de as vítimas de abuso narcisista assumirem traços narcisistas é um aspecto complexo e fascinante do ciclo de abuso. Essa inversão de papéis, geralmente chamada de narcisismo reativo, pode se manifestar de várias maneiras. Aqui estão alguns exemplos de como as vítimas podem agir contra os narcisistas adotando elas mesmas comportamentos narcisistas:

1. O tratamento do silêncio: Uma vítima que passou por um longo período sendo ignorada ou recebendo o tratamento do silêncio de um narcisista pode começar a usar essa tática. Ela pode se tornar emocionalmente retraída e se recusar a se comunicar com o narcisista como forma de vingança ou autoproteção.

2. Luz de Gás: Depois de sofrer gaslighting de um narcisista, algumas vítimas podem começar a questionar e manipular a realidade do narcisista. Elas podem negar eventos ou conversas em uma tentativa de fazer com que o narcisista duvide de suas próprias percepções.

3. Triangulação: As vítimas podem aprender a triangular, trazendo outras pessoas para seus conflitos com o narcisista para obter apoio ou validação, assim como o narcisista pode ter feito com elas.

4. Grandiosidade e autoimportância: Algumas vítimas podem desenvolver um senso inflado de autoimportância como mecanismo de defesa. Elas podem começar a se gabar de suas realizações ou exagerar suas habilidades, espelhando o comportamento do narcisista.

5. Falta de empatia: Depois de serem expostas à falta de empatia de um narcisista, algumas vítimas podem ficar emocionalmente entorpecidas e ter dificuldade de sentir empatia pelos outros, inclusive pelo narcisista.

6. Manipulação: As vítimas podem adotar táticas de manipulação que observaram no narcisista, usando culpa, vergonha ou medo para controlar o comportamento do narcisista.

7. Busca de atenção: Algumas vítimas podem começar a desejar a atenção e a validação dos outros, assim como o narcisista, a fim de reconstruir sua autoestima prejudicada.

8. Busca de vingança: Em casos extremos, as vítimas podem planejar esquemas de vingança elaborados e se concentrar obsessivamente em se vingar do narcisista, espelhando a tendência do narcisista de guardar rancor e buscar vingança.

9. Retenção de emoções: Assim como os narcisistas geralmente retêm afeto e aprovação, algumas vítimas podem aprender a fazer o mesmo, usando a retenção emocional como forma de controle ou punição.

10. Críticas excessivas: Depois de serem constantemente criticadas por um narcisista, algumas vítimas podem se tornar hipercríticas, encontrando constantemente falhas no narcisista ou em outras pessoas.

11. Violações de limites: Depois de terem seus limites repetidamente violados, algumas vítimas podem começar a desconsiderar os limites dos outros, inclusive do narcisista, na tentativa de recuperar o controle.

12. Projeção: As vítimas podem começar a projetar seus próprios sentimentos ou inseguranças no narcisista, culpando-o pelas coisas que estão sentindo ou fazendo.

13. Direito de propriedade: Algumas vítimas podem desenvolver um senso de direito, achando que merecem tratamento especial ou isenções de regras depois de serem submetidas ao senso de direito do narcisista.

14. Exploração: As vítimas podem começar a explorar outras pessoas, inclusive o narcisista, para seu próprio benefício, espelhando o comportamento de exploração que vivenciaram.

15. Inveja e ciúme: Depois de serem alvo da inveja e do ciúme de um narcisista, algumas vítimas podem se tornar invejosas e ciumentas, comparando constantemente suas vidas com as dos outros.

16. Arrogância: As vítimas podem adotar uma atitude arrogante como um mecanismo de defesa para se protegerem de mais danos emocionais.

17. Transferência de culpa: Algumas vítimas podem começar a culpar os outros, inclusive o narcisista, por suas ações, a fim de evitar assumir a responsabilidade por seu próprio comportamento.

18. Hipersensibilidade à crítica: As vítimas podem se tornar extremamente sensíveis a qualquer forma de crítica, percebendo-a como um ataque pessoal, da mesma forma que um narcisista faria.

19. Necessidade de adulação: Depois de serem privadas de admiração e validação, algumas vítimas podem desenvolver uma necessidade excessiva de admiração dos outros para aumentar sua autoestima.

20. Desconsideração pelos sentimentos dos outros: As vítimas podem começar a desconsiderar os sentimentos e as necessidades dos outros, inclusive do narcisista, a fim de se protegerem de mais dor emocional.

Capítulo 15: Dinâmica de poder em relacionamentos narcisistas

Há muitas histórias da vida real que ilustram a mudança de valência em relacionamentos com narcisistas e a possível transformação das vítimas em narcisistas. Aqui estão alguns exemplos comuns:

1. O cônjuge que usa a luz de gás:

Maria e João foram casados por cinco anos. Maria era uma narcisista que frequentemente provocava a luz de gás em João. Ela o acusava de flertar com outras mulheres sempre que saíam, embora ele fosse fiel. Um dia, João descobriu que Maria estava tendo um caso. Ao ser confrontada, Maria virou o jogo contra João, acusando-o de ser o infiel e fazendo com que ele ficasse sabendo de sua própria infidelidade.

Mudança de valência: Exausto e confuso com as constantes acusações e agora com a traição, João surtou. Ele começou a imitar o comportamento de Maria, acusando-a de mais infidelidades e distorcendo suas palavras. Ele também decidiu "se vingar" e começou a flertar com outras mulheres, eventualmente tendo seu próprio caso.

O resultado: Maria ficou inicialmente atônita com a súbita agressividade e infidelidade de João, mas logo recuperou a compostura. Ela se fez de vítima e acusou João de ser cruel e desamoroso. João, por sua vez, usou a infidelidade de Maria para justificar suas próprias ações. O relacionamento deles se tornou uma luta constante pelo poder, na qual ambas as partes se envolveram em um ciclo de infidelidade, manipulação e controle. A transformação de João em um narcisista foi completa. Ele não se importava mais com os sentimentos de Maria ou com a saúde do relacionamento deles. Tudo o que lhe importava era ganhar e manter o controle. Suas infidelidades mútuas tornaram-se munição em sua guerra contínua, com cada um culpando o outro pelo fim do relacionamento.

2. O sonho destruído:

Paul e Richard eram amigos de infância e abriram uma cafeteria juntos. Paul, com seu carisma e visão, assumiu a liderança das operações, enquanto Richard, mais reservado e meticuloso, cuidava das finanças. Sem o conhecimento de Richard, Paul tinha tendências narcisistas que começaram a aparecer à medida que o negócio crescia. Sempre que algo dava errado, Paul culpava Richard por não estar se esforçando ou por não ser competente o suficiente. Richard, ansioso para preservar a amizade e os negócios, aceitava a culpa e se esforçava para fazer as pazes.

Mudança de valência: Após uma tentativa desastrosa de expandir a cafeteria, eles sofreram uma perda financeira significativa. Paul culpou Richard por não ter conseguido financiamento suficiente e por ter sido muito cauteloso com sua estratégia de marketing. Dessa vez, porém, Richard não recuou. Ele estava compensando discretamente os gastos imprudentes e as decisões impulsivas de Paul, e havia chegado ao seu ponto de ruptura. Richard retaliou, transferindo a culpa para Paul. Ele confrontou Paul com evidências de sua má administração, incluindo compras não autorizadas, contas não pagas e ignorar as preocupações dos funcionários. Richard acusou Paul de colocar em risco a empresa e a amizade deles com seu comportamento irresponsável. Essa súbita assertividade pegou Paul desprevenido e marcou uma mudança significativa na dinâmica da amizade.

O resultado: Paul, incapaz de assumir a responsabilidade, assumiu o papel de vítima. Ele acusou Richard de ser desleal e de não lhe dar apoio e afirmou que Richard estava tentando sabotá-lo. A amizade deles se deteriorou à medida que se envolveram em um ciclo de culpa e manipulação. Richard, em sua nova determinação de responsabilizar Paul, começou a desenvolver traços assertivos que beiravam a agressão. A atmosfera da cafeteria tornou-se tóxica. Os funcionários foram pegos no meio, e a qualidade do serviço caiu. Os clientes começaram a perceber a tensão e os negócios diminuíram. Richard, percebendo que sua parceria não tinha mais conserto, procurou seus investidores mútuos. Ele apresentou provas dos delitos de Paul, e os investidores ficaram do lado de Richard e exigiram que Paul renunciasse. Paul deixou o negócio, mas a cafeteria nunca mais se recuperou. As perdas financeiras foram muito grandes, e o negócio, que antes era próspero, fechou alguns meses depois. A mudança de valência no comportamento de Richard, de passivo e complacente para assertivo e conflituoso, acabou levando ao fim da amizade deles e ao desaparecimento do sonho que compartilhavam.

3. A vingança do espelho:

Laura e Steve estavam em um relacionamento romântico no qual Laura era a narcisista. No início, Laura bombardeava Steve com amor, enchendo-o de afeto e fazendo com que ele se sentisse o centro de seu mundo. Entretanto, quando Steve se envolveu emocionalmente, Laura começou a desvalorizá-lo, criticando sua aparência, sua inteligência e até mesmo seus amigos.

Mudança de valência: Depois de meses suportando as críticas e a manipulação de Laura, Steve de repente teve uma mudança de perspectiva. Decidiu que, se não podia mudá-la, ele se juntaria a ela. Começou a imitar o comportamento dela, a criticar sua aparência e inteligência e a manipular suas emoções. Ele aprendeu a se fazer de vítima quando lhe convinha e virou todas as discussões contra ela.

O resultado: No início, Laura ficou magoada e chocada com o comportamento de Steve, mas logo se viu em uma luta constante pelo poder. O relacionamento deles se tornou uma batalha interminável de críticas e manipulação. Steve assumiu cada vez mais características narcisistas, aprendendo a se alimentar do drama e do controle. Ele começou a confundir Laura, fazendo com que ela questionasse sua própria realidade e sanidade. Entretanto, à medida que o narcisismo de Steve crescia, ele começou a perceber que não precisava mais de Laura. Ele aprendeu a alimentar seu novo suprimento narcisista com outras pessoas - amigos, colegas de trabalho e até mesmo estranhos. Ele começou a se afastar de Laura, dando-lhe um gostinho de seu próprio remédio. Ele desaparecia por dias, ignorando suas ligações e mensagens, para depois reaparecer com fria indiferença. Laura, incapaz de lidar com a inversão de papéis, tornou-se cada vez mais desesperada e errática. Ela tentou reconquistá-lo, para recuperar o controle, mas Steve estava sempre um passo à frente, manipulando-a como ela o havia manipulado. Por fim, Steve desapareceu completamente de sua vida, deixando Laura como uma casca de seu antigo eu.

4. A sogra trianguladora:

Barbara era uma narcisista que interferia com frequência no casamento de seu filho Tom com Lisa. Ela frequentemente criticava e reclamava de Lisa para Tom, fazendo-se de vítima e alegando que Lisa não era boa o suficiente para ele. Inicialmente, Lisa tentava argumentar com Barbara e se defender, enquanto Tom tentava mediar a situação.

Mudança de valência: Com o passar do tempo, a manipulação e as críticas constantes de Barbara afetaram Lisa. Ela começou a adotar traços narcisistas como um mecanismo de defesa contra o abuso de Bárbara. Lisa começou a depreciar e criticar Tom por não enfrentar a mãe, imitando o comportamento crítico de Bárbara; fez-se de vítima, alegando que tanto Tom quanto Bárbara estavam contra ela e que ela era a única que estava tentando salvar o casamento; manipulou situações para parecer superior a Bárbara, como exagerar suas realizações e minimizar as contribuições de

Bárbara; exigiu tratamento especial de Tom, insistindo que ele colocasse suas necessidades e desejos acima de tudo para compensar os maus-tratos da mãe contra ela.

O resultado: À medida que Lisa assumia traços mais narcisistas, o casamento deles se tornava cada vez mais tóxico. Tom se sentiu preso no meio de uma disputa de poder entre a mãe e a esposa. A manipulação e as críticas constantes de ambos os lados acabaram levando Tom a se sentir sobrecarregado e incapaz de continuar o relacionamento. Ele pediu o divórcio, alegando a dinâmica tóxica e as diferenças irreconciliáveis. Barbara, fazendo-se de vítima como sempre, culpou Lisa pelo divórcio. Lisa, por sua vez, culpou Tom e Bárbara pelo fracasso de seu casamento, recusando-se a reconhecer seu próprio papel na dinâmica.

Capítulo 16: A natureza insidiosa do abuso narcisista

À primeira vista, a ideia de que as vítimas de abuso narcisista podem, elas próprias, apresentar traços narcisistas pode parecer contraintuitiva ou até paradoxal, mas, à medida que nos aprofundamos nos mecanismos psicológicos em jogo, começamos a ver como essa resposta pode surgir como uma estratégia de enfrentamento diante de trauma e manipulação prolongados.

No entanto, esses comportamentos nas vítimas são fundamentalmente diferentes daqueles dos verdadeiros narcisistas, tanto em sua origem quanto em seu potencial de mudança. Määttä et al. (2012) explicam que as vítimas podem, às vezes, adotar comportamentos semelhantes como um mecanismo de enfrentamento. É uma forma de sobrevivência psicológica, uma maneira de a vítima navegar pelas águas traiçoeiras de seu relacionamento abusivo. Ao contrário dos verdadeiros narcisistas, as vítimas que apresentam esses comportamentos geralmente mantêm a capacidade de autorreflexão e podem sentir remorso por suas ações. Esses comportamentos nas vítimas geralmente são uma resposta aprendida ao trauma, e não um traço de personalidade arraigado.

O conceito de "vínculo forçado pelo trauma" ou "apego forçado pelo trauma", conforme descrito por Raghavan e Doychak (2015), fornece uma estrutura para entender essa dinâmica complexa. Diante do abuso e da manipulação contínuos, as vítimas podem começar a perder seu senso de identidade e adotar gradualmente aspectos da visão de mundo ou dos comportamentos do agressor. Esse processo pode ser visto como uma maneira de as vítimas darem sentido às suas experiências e manterem alguma aparência de controle em um ambiente caótico e imprevisível.

Howard (2022) elucida melhor esse fenômeno, descrevendo-o como uma forma de "martírio vivo". Nesse estado, as vítimas podem assumir temporariamente algumas das características de seu agressor como forma de lidar com suas experiências traumáticas e compreendê-las. Esse mimetismo pode servir a vários propósitos: pode ajudar a vítima a prever e controlar o comportamento do agressor, proporcionar uma sensação de empoderamento em uma situação que, de outra forma, seria impotente, ou até mesmo servir como uma tentativa equivocada de se conectar com o agressor em seus próprios termos. No entanto, as vítimas que se envolvem nesses comportamentos podem sentir culpa ou remorso por suas ações, criando um conflito interno que serve como angústia adicional à medida que elas lutam para se reconciliar com seus valores fundamentais e seu senso de identidade.

Lahav et al. (2020) fornecem mais informações sobre o complexo cenário emocional das vítimas de abuso, observando que elas frequentemente lutam contra a agressão interna e externa à medida que processam seu trauma. Essa luta interna é nitidamente diferente da falta de empatia e autorreflexão observada no verdadeiro transtorno de personalidade narcisista. A presença desse conflito interno pode, na verdade, ser vista como um sinal positivo, indicando que a vítima não perdeu completamente o contato com seu eu e seus valores autênticos.

A capacidade das vítimas de se recuperarem do abuso narcisista e se livrarem desses comportamentos adotados é influenciada por vários fatores, inclusive a duração e a intensidade do abuso, a resiliência pessoal da vítima e o acesso a apoio e recursos adequados. Ghodratollahifard et al. (2020) destacam a vulnerabilidade específica daqueles que sofreram traumas na infância, descobrindo que o abuso precoce, combinado com estratégias de regulação emocional desadaptativas, está associado a um risco maior de desenvolver sintomas de transtorno de personalidade mais tarde na vida. Isso ressalta a importância fundamental da intervenção precoce e do apoio às vítimas de abuso narcisista, especialmente crianças e adolescentes que podem estar em maior risco de sequelas psicológicas de longo prazo.

No entanto, a recuperação é possível mesmo para aqueles que sofreram abuso prolongado ou grave. Maffini et al. (2021) destacam a eficácia da terapia cognitivo-comportamental focada no trauma para ajudar as vítimas de abuso a processar suas experiências e desenvolver mecanismos de enfrentamento mais saudáveis. Esse tipo de terapia pode ser particularmente benéfico para lidar com os comportamentos desadaptativos que podem ter se desenvolvido como resultado do abuso, ajudando as vítimas a se reconectarem com seu eu autêntico e a reconstruírem um senso de agência e autoestima. O caminho para a recuperação geralmente envolve uma abordagem multifacetada que aborda os aspectos psicológicos e práticos da cura. Isso pode incluir terapia individual, grupos de apoio, educação sobre abuso narcisista e seus efeitos e assistência prática em áreas como moradia, emprego e apoio jurídico. O objetivo não é apenas ajudar as vítimas a processar seu trauma, mas também capacitá-las a reconstruir suas vidas e recuperar seu senso de identidade.

O processo de recuperação raramente é linear e pode incluir contratempos e desafios ao longo do caminho. As vítimas podem ter problemas de confiança, hipervigilância e dificuldade em formar relacionamentos saudáveis, mesmo depois de deixar a situação abusiva. Esses desafios contínuos ressaltam a necessidade de apoio e compreensão de longo prazo, tanto de profissionais quanto da rede de apoio pessoal da vítima.

Se não for tratada, a vítima de abuso narcisista pode correr o risco de desenvolver traços narcisistas mais duradouros, potencialmente perpetuando o ciclo de abuso em seus relacionamentos futuros. Esse potencial de transmissão intergeracional de abuso ressalta a importância fundamental de quebrar o ciclo por meio de educação, conscientização e apoio acessível à saúde mental. Ao reconhecer os sinais de abuso narcisista e oferecer intervenção oportuna, podemos ajudar a evitar a perpetuação desses padrões prejudiciais e apoiar as vítimas em sua jornada de cura e recuperação.

Capítulo 17: A espada de dois gumes do abuso narcisista

No complicado cenário dos relacionamentos envolvendo narcisistas, a dinâmica pode mudar drasticamente, muitas vezes levando a confrontos emocionais intensos e, em alguns casos, a ações extremas por parte daqueles que já foram vítimas. Essas mudanças podem se manifestar de várias maneiras, inclusive com as vítimas recorrendo à violência ou abandonando seus agressores em circunstâncias terríveis. As histórias e os casos reais a seguir ilustram os efeitos profundos do abuso narcisista e até onde as vítimas podem chegar para escapar ou retaliar.

O caso dos irmãos Menendez (1989): Lyle e Erik Menendez foram condenados pelo assassinato de seus pais, Jose e Kitty Menendez, em sua mansão em Beverly Hills. Os irmãos alegaram que haviam sofrido anos de abuso sexual, emocional e físico nas mãos de seu pai narcisista e abusivo. Os irmãos foram condenados à prisão perpétua sem a possibilidade de liberdade condicional.

O Caso Betty Broderick (1989): Depois de suportar anos de abuso emocional nas mãos de seu marido narcisista, Dan Broderick, Betty Broderick atirou e matou Dan e sua nova esposa, Linda. Betty ficou cada vez mais instável depois que Dan a trocou por sua assistente mais jovem, Linda, e usou seus conhecimentos jurídicos para manipular o processo de divórcio.

A história de Ruchika Girhotra (1990): Ruchika Girhotra era uma garota de 14 anos que foi abusada sexualmente por S.P.S. Rathore, um policial sênior em Haryana, Índia. Rathore apresentava tendências narcisistas e usava seu poder para intimidar e abusar de Ruchika. Apesar do assédio, Ruchika e sua família resistiram e registraram uma queixa contra Rathore. Tragicamente, Ruchika cometeu suicídio três anos depois devido ao assédio contínuo e ao estigma social. Sua família continuou a batalha legal e, em 2009, Rathore foi finalmente condenado.

O caso Clara Harris (2002): Clara Harris era uma dentista do Texas que descobriu que seu marido, David Harris, estava tendo um caso com sua recepcionista. David apresentava traços narcisistas e tinha um histórico de infidelidade. Em um acesso de raiva, Clara passou com seu carro por cima de David várias vezes no estacionamento de um hotel, matando-o. Clara foi posteriormente condenada por assassinato e sentenciada a 20 anos de prisão.

O caso de Mary Winkler (2006): Mary Winkler era uma mulher do Tennessee que atirou e matou seu marido, Matthew Winkler, um ministro com histórico de comportamento narcisista e abusivo. Mary suportou anos de abuso emocional e físico antes de tomar uma atitude extrema. Mais tarde, ela foi condenada por homicídio voluntário e sentenciada a três anos de prisão.

Caso John Edwards e Rielle Hunter (2006): John Edwards, ex-senador dos EUA, envolveu-se em um caso extraconjugal altamente divulgado com Rielle Hunter enquanto sua esposa, Elizabeth Edwards, lutava contra o câncer. John, que apresentava tendências narcisistas, buscava validação e admiração fora de seu casamento. Rielle, inicialmente vítima da manipulação de John, acabou usando o caso para obter vantagens financeiras e sociais. O caso levou à dissolução da carreira política de John e o deixou lutando contra a humilhação pública e a perda pessoal.

O caso de Jodi Arias e Travis Alexander (2008): O relacionamento entre Jodi Arias e Travis Alexander foi tumultuado e marcado por manipulação emocional e controle. Travis, que apresentava traços narcisistas, frequentemente menosprezava e manipulava Jodi. Com o passar do tempo, o comportamento de Jodi tornou-se cada vez mais errático e obsessivo. Em 2008, o relacionamento culminou em um confronto violento no qual Jodi assassinou Travis em sua casa em Mesa, Arizona.

O caso Gypsy Rose Blanchard (2015): Gypsy Rose Blanchard foi vítima de longa data de sua mãe, Dee Dee Blanchard, que apresentava comportamento narcisista e abusivo, fabricava doenças para Gypsy e a submetia a procedimentos médicos desnecessários. Para escapar dos abusos de sua mãe, Gypsy conspirou com seu então namorado para assassinar Dee Dee. Gypsy manipulou seu namorado para que cometesse o crime, espelhando as táticas de manipulação que aprendeu com sua mãe.

O caso Sally Challen (2019): Sally Challen foi condenada pelo assassinato de seu marido, Richard Challen, em 2010, depois de suportar décadas de abuso psicológico. Richard apresentava traços narcisistas e submetia Sally a um controle coercitivo. Em 2019, a condenação de Sally foi anulada e ela foi libertada da prisão após um recurso bem-sucedido que reconheceu o impacto do controle coercitivo e da violência doméstica.

Capítulo 18: O fascínio duradouro dos vínculos tóxicos

A longevidade dos vínculos tóxicos com narcisistas geralmente é sustentada pelo sentimento internalizado de desesperança da vítima e pela hábil manipulação psicológica do narcisista. Mas os efeitos desses relacionamentos disfuncionais se propagam, afetando famílias inteiras. As crianças criadas em lares dominados pelo abuso narcisista testemunham conflitos constantes e passam a normalizar a violência como parte inerente dos relacionamentos íntimos. Seus cuidadores mentalmente doentes reforçam essa visão de mundo distorcida, insistindo que o caos e a agressão que vivenciam são perfeitamente normais.

Como resultado, essas crianças geralmente se tornam adultos que acham a paz perturbadora e inconscientemente criam dramas para recriar o tumulto familiar de sua educação. Algumas chegam até a equiparar conflito e reconciliação com amor verdadeiro, incapazes de imaginar uma parceria saudável e estável. Como algumas mulheres com transtornos mentais me disseram: "Se não brigarmos e fizermos as pazes, como saberei que você me ama? E como saberei se você realmente me ama ou se pode me deixar?"

A dinâmica criada pelos narcisistas é extremamente atraente porque se caracteriza por experiências emocionais intensas e manipulação psicológica. É por isso que eles são retratados com tanta frequência em várias formas de mídia, inclusive na literatura e no cinema, onde esses relacionamentos são frequentemente romantizados. Eles costumam seguir um padrão no qual uma pessoa, geralmente com traços narcisistas, exerce controle e influência sobre seu parceiro, que se torna emocionalmente dependente do narcisista.

O fascínio generalizado por esses relacionamentos pode ser visto na popularidade de romances como "Cinquenta tons de cinza", de E.L. James, que se tornou um fenômeno cultural. O livro e suas sequências exploram a complexa dinâmica entre os protagonistas, Christian Grey e Anastasia Steele, cujo relacionamento é marcado por jogos de poder e elementos de controle frequentemente associados a relacionamentos narcisistas. Além disso, o personagem Christian Grey em Cinquenta Tons de Cinza pode ser visto como uma contraparte moderna do herói byroniano, um tipo de personagem que é ao mesmo tempo atraente e repulsivo devido à sua personalidade complexa e muitas vezes sombria. Esse arquétipo, visto em personagens como o Sr. Rochester de Jane Eyre, de Charlotte Brontë, incorpora qualidades de arrogância, um passado conturbado e uma propensão à manipulação emocional, traços frequentemente associados ao transtorno de personalidade narcisista.

A literatura de fantasia também oferece exemplos convincentes dessa dinâmica, principalmente em romances que apresentam vampiros. Em "Entrevista com o Vampiro", de Anne Rice, o relacionamento entre Louis de Pointe du Lac e seu criador, Lestat de Lioncourt, é de dependência e manipulação emocional. Lestat, uma figura carismática e narcisista, exerce controle sobre Louis, que luta com sua nova existência e com as implicações morais de ser um vampiro. A sequência, do vampiro Lestat, aprofunda-se na história de fundo de Lestat, revelando a complexa dinâmica de poder e a manipulação emocional que caracterizam seus relacionamentos com outros vampiros.

Ao equiparar o abuso emocional à dinâmica do amor e do relacionamento, essas histórias fictícias também contribuem para a normalização do abuso psicológico, especialmente a manipulação narcisista. As pessoas se acostumaram a aceitar a doença mental como parte da vida e depois se perguntam por que seus relacionamentos são uma miséria tão insatisfatória quando mostram sinais de toxicidade e por que uma grande porcentagem das mulheres do mundo não se casam e não conseguem encontrar um marido.

De acordo com projeções recentes do Morgan Stanley, 45% das mulheres com idade entre 25 e 44 anos nos Estados Unidos serão solteiras até 2030. Essa é a maior porcentagem de mulheres solteiras nessa faixa etária já registrada na história. Tendências semelhantes estão surgindo globalmente, com a expectativa de que a proporção de mulheres solteiras na China aumente de 39% em 2021 para cerca de 44% em 2030. Se esses padrões continuarem, cerca de metade ou mais das mulheres nas principais economias, como os Estados

Unidos e a China, poderão ser solteiras e sem filhos até 2040, com probabilidade de porcentagens semelhantes em outras partes do mundo.

Enquanto isso, estima-se que cerca de 20% da população mundial tenha traços narcisistas, e essa porcentagem está crescendo, o que significa que cada vez mais pessoas precisarão entender como avaliar possíveis relacionamentos e superar o abuso narcisista em diversos contextos. Vários fatores contribuem para a rápida disseminação dos traços narcisistas na sociedade atual:

1. Mídia social e tecnologia: O surgimento de plataformas que incentivam a autopromoção e a autoapresentação com curadoria normalizou a egolatria excessiva e a preocupação com a aparência. Estudos associaram o uso problemático de smartphones ao aumento das tendências narcisistas.

2. Ênfase da sociedade na autoestima: Esforços bem-intencionados para promover a autoestima, especialmente em ambientes educacionais, podem ter promovido inadvertidamente tendências narcisistas ao se concentrarem na autoestima sem enfatizar a empatia e a responsabilidade social.

3. Influência da mídia: A maior exposição à cultura das celebridades e a estilos de vida idealizados por meio de vários canais de mídia pode reforçar aspirações narcisistas e expectativas irrealistas.

4. Fatores econômicos: Alguns pesquisadores argumentam que os sistemas econômicos que recompensam a autopromoção

e a realização individualista podem inadvertidamente reforçar comportamentos narcisistas.

5. Diminuição do envolvimento da comunidade: Com o enfraquecimento das estruturas comunitárias tradicionais, pode haver menos oportunidades para que os indivíduos desenvolvam empatia e consciência social por meio de experiências coletivas.

Capítulo 19: Amizades narcisistas

A normalização dos traços narcisistas, a excitação que permeia os romances e filmes que retratam o comportamento narcisista e a admiração geral por celebridades que exibem atitudes narcisistas levam a sociedade a se tornar inconscientemente atraída por essas personalidades e até mesmo tolerante com o abuso que recebem. Essa popularidade do narcisismo torna-se ainda mais atraente para os próprios narcisistas, que se admiram como modelos.

Consequentemente, assim como os narcisistas desenvolvem um apreço por outros narcisistas devido à sua natureza de admirar traços narcisistas nos outros e acabam se relacionando com outros narcisistas, onde recebem o retorno cármico pelo que fazem aos outros, eles também parecem encontrar conforto em amigos que exibem traços narcisistas. Essas são as pessoas que os validam e incentivam seu comportamento narcisista. Essas pessoas nunca lhes dizem para melhorar ou mudar e, em vez disso, elogiam seu abuso e desrespeito aos outros. Os narcisistas adoram isso porque têm o cérebro de uma criança. Eles adoram ser favorecidos e elogiados por agirem como uma criança imatura.

Por outro lado, somente os idiotas veem o narcisista como alguém digno de admiração e, não surpreendentemente, muitos desses idiotas são eles mesmos narcisistas. É como ver uma legião de demônios se reunindo, sendo que um deles é mais desonesto e manipulador do que os outros que o admiram em busca de conforto e afirmação.

Por essas razões, acredito que o que atrai o narcisista para o empata é a mesma razão pela qual ele odeia o empata, que é a ingenuidade do empata. Isso é expresso em uma pergunta simples que muitos narcisistas fazem à vítima: Por que você quer ficar comigo?

Essas mulheres não conseguem entender por que alguém sabe que elas são más e ainda assim quer estar com elas e fazê-las se sentirem validadas.

O conceito de bad boy representa o outro lado desse fenômeno, porque as mulheres com caráter negativo são atraídas por homens da mesma natureza. Quanto pior a mulher é, mais ela se sente atraída por homens de caráter semelhante. É por isso que todas elas acabam sozinhas depois dos 40 anos e ainda acham que o problema não está nelas, mas nos homens que conhecem, como se não estivessem descrevendo precisamente os homens narcisistas e não toda a população masculina.

Aqueles que sabem que alguém é mau o tratarão como tal, o que torna mais fácil para a personalidade má parar de fingir, relaxar e se sentir aceita. Eles confundem isso com amor, mas não há amor nesses relacionamentos, apenas narcisistas que se espelham uns nos outros. É por isso que elas acabam se apaixonando pelos homens que as magoaram.

Essas mulheres esperam que os homens narcisistas retribuam seu amor porque eles são o único tipo de homem pelo qual elas podem se sentir verdadeiramente atraídas e, quando dizem: "Eu o deixei porque ele era narcisista", estão escondendo o que mais tarde confirmam ser a verdade: foram abandonadas por um narcisista.

Para o narcisista, existem apenas dois tipos de pessoas: as fortes e as fracas. Os fortes são aqueles que tiram vantagem dos outros, enquanto os fracos são aqueles que precisam dos outros para sobreviver. Portanto, eles usam os fracos, mas são atraídos pelos fortes, o que significa que são atraídos pela atenção que um empata oferece, assim como são atraídos pela validação que um narcisista oferece. Eles amam o forte com seu abuso tanto quanto o temem.

Aqui estão as histórias de pessoas que reclamam dos cônjuges, mas continuam voltando para eles. Presos em suas próprias ilusões, os narcisistas agem como se a única maneira de sobreviver fosse se aliar àqueles que consideram fortes e criar campanhas de difamação em torno daqueles que consideram ameaças às suas inseguranças.

Eles são atraídos pela atenção do empático tanto quanto são repelidos por suas qualidades, e são atraídos pela validação de outro narcisista tanto quanto têm medo de serem abandonados. Normalmente, os narcisistas vacilam em seus relacionamentos com empatas e outros narcisistas por esses motivos.

No entanto, o nível de insegurança que sentem pode ser tão profundo que eles se esforçam ao máximo em suas campanhas de difamação para invalidar alguém, o que significa que estão sempre destruindo seus próprios relacionamentos.

Capítulo 20: Relacionamentos transacionais

Talvez o paradoxo mais comum do comportamento narcisista seja o fato de buscarem a atenção daqueles que desprezam. Fazem isso somente enquanto essas pessoas lhes são úteis e, mais tarde, as descartam e ignoram quando esse não é mais o caso. Enquanto isso, denegrirão a reputação dessas pessoas e até mesmo espalharão rumores falsos que contradizem o tipo de valor que veem na outra pessoa. Esse foi o caso de um escritor francês que conheci na Grécia e que insinuou às pessoas que eu tinha gatos mortos em minha casa ou que os gatos estavam desaparecendo na região desde que cheguei. Ele estava tentando fazer com que as pessoas acreditassem que eu matava gatos por diversão, brincando com seus pensamentos paranóicos, e as pessoas eram mentalmente retardadas o suficiente para acreditar nele, e é por isso que tive desentendimentos com alguns que afirmaram que eu havia envenenado seu gato.

Há tantas pessoas estúpidas neste planeta que elas acreditarão em qualquer coisa que você lhes disser, até mesmo nas coisas mais ridículas. Elas são propensas ao transtorno de personalidade paranoica, do qual o narcisista se aproveita ao máximo. O narcisista é bom o suficiente para enganar os outros e conseguir o que quer, não importa o quão absurdo seja o que ele diz, porque ele sabe que as pessoas são estúpidas o suficiente para acreditar nele.

Os narcisistas também acreditam que todos querem roubar o pouco que eles têm e, portanto, também acreditam que, se compartilharem e ensinarem o que sabem, perderão a vantagem que têm sobre os outros. Em vez disso, eles tentam obter e manter essa vantagem reunindo informações sobre outras pessoas, seja por meio de fofocas ou de falsas demonstrações de altruísmo e amizade. Eles falam sem falar, querendo obter informações, mas sem revelar nada sobre si mesmos ou sobre o que sabem. Você pode ver isso claramente quando eles se recusam a responder às mesmas perguntas que fazem a você.

O nível de inteligência de um narcisista é limitado a ele mesmo, e é por isso que eles podem parecer especialistas em enganar, manipular e mentir, mas são incrivelmente estúpidos em tudo o mais. Eles são incapazes de ter empatia com os outros ou de ver as coisas pela perspectiva deles. Os narcisistas não sabem como confiar, cooperar ou trabalhar com os outros porque veem tudo como competição, portanto, em vez disso, veem suas interações como trocas. Se não houver nada para trocar, eles preferem abandonar o outro indivíduo ou até mesmo deixá-lo morrer sozinho. Eles não entendem o valor de compartilhar pensamentos e percepções porque isso não faz parte da realidade deles. De fato, os narcisistas não têm nada além de desprezo por um parceiro ou amigo doente e preferem festejar a noite toda com outras pessoas a ficar ao lado de um cônjuge doente.

Uma analogia perfeita para isso é o setor farmacêutico, que lucra com as doenças das pessoas e deixa morrer aqueles que não podem pagar por seus medicamentos, ao mesmo tempo em que obriga os médicos a prescrever determinados procedimentos sob a ameaça de perder a licença se não o fizerem. Isso é o que chamo de bullying no mais alto nível, com a proteção da lei e dos governos. Os médicos que tentam sair desse sistema prescrevendo tratamentos mais eficazes são jogados na cadeia.É exaustivo lidar com narcisistas porque eles estão constantemente sugando a energia dos outros e agindo como vampiros de energia em todas as áreas, incapazes de dar qualquer apoio ou reconhecimento. Eles são obcecados em tirar o máximo que podem dos outros, especialmente por meios legais, e não é de surpreender que muitos deles busquem conexões no governo e em instituições governamentais. Eles são obcecados pelo poder porque sabem que, com mais poder, podem abusar de mais pessoas com menos consequências.

Os narcisistas são atormentados por uma visão egocêntrica do mundo, muitas vezes repleta de estereótipos, discriminação e preconceito. Eles são rápidos em julgar as pessoas, formando uma opinião nos primeiros 5 segundos e depois passam o resto do tempo tentando provar que suas observações estão corretas. Isso cria uma situação em que as outras pessoas se sentem constantemente desvalorizadas e desrespeitadas, pois são forçadas a provar seu valor a pessoas que nunca poderão ser realmente convencidas.

Os narcisistas são incapazes de mudar de opinião, incapazes de ver as perspectivas de outras pessoas ou de aprender com seus próprios erros, incapazes de entender que seus pontos de vista podem estar completamente errados ou influenciados por sua experiência e visão de mundo limitadas. Em vez disso, eles se baseiam em noções preconcebidas para navegar pelo mundo ao seu redor e justificar suas opiniões.

Ao lidar com narcisistas, muitas vezes nos vemos tentando provar nosso valor e convencer o narcisista de nosso valor, mas esse é um esforço inútil porque o narcisista não tem interesse em ouvir, aprender ou crescer com a experiência. Ele se concentra apenas em seus próprios pontos de vista e não os mudará, não importa quantas evidências sejam apresentadas.

Isso cria uma sensação de frustração e inadequação nos indivíduos que estão sendo constantemente julgados sem nenhuma razão ou evidência real. Com o tempo, lidar com narcisistas pode ter um impacto negativo significativo na saúde mental de uma pessoa. Lidar com narcisistas pode contribuir significativamente para a ansiedade, depressão e outros problemas de saúde mental. Isso é especialmente verdadeiro quando se lida com narcisistas regularmente, pois a situação se torna mais intensa e mais difícil de escapar, especialmente em um ambiente de escritório. Isso cria uma sensação de desconexão que pode ser difícil de superar.

Após um período de convivência com narcisistas, exaustos, podemos cair na apatia e perder a motivação para as coisas que antes nos traziam alegria, e é exatamente isso que eles querem - a destruição da vida daqueles que ameaçam sua existência. Eles tentam exaurir as luzes do mundo, rebaixando-as e tornando-as apáticas. Eles são assassinos da alegria. São o que chamamos de personalidades tóxicas. Nós as chamamos de tóxicas porque nos envenenam - entorpecem nossos sentidos, roubam nossa vitalidade, nos esgotam física e mentalmente e nos fazem agir de forma irracional.

Capítulo 21: Compreensão e tratamento do narcisismo

Avanços recentes em imagens cerebrais e pesquisas cognitivas lançaram uma nova luz sobre o transtorno de personalidade narcisista (NPD), oferecendo novos insights sobre por que as pessoas com essa condição se comportam da maneira que fazem. Esse entendimento crescente não só ajuda a explicar os traços narcisistas, mas também aponta para tratamentos mais eficazes.

No cerne desse transtorno está uma série de diferenças na função cerebral, principalmente nas áreas responsáveis pela autoconsciência, empatia e controle emocional. O córtex pré-frontal, uma região essencial para essas funções, apresenta atividade reduzida em pessoas com narcisismo. Isso ajuda a explicar a dificuldade de controle dos impulsos, a falta de empatia e a dificuldade de administrar as emoções. Mas a história não termina aí. O cérebro é uma rede complexa e, no narcisista, as conexões entre diferentes áreas também são alteradas.

Por exemplo, a conexão entre o córtex pré-frontal e a amígdala, uma região envolvida no processamento de emoções, é interrompida. Isso leva a respostas emocionais intensas e a uma tendência de perceber até mesmo pequenas críticas como uma grande ameaça.

Outro fator importante é o sistema de recompensa do cérebro. Em pessoas com narcisismo, esse sistema é excessivamente sensível a elogios e admiração, mas menos sensível a feedback negativo. Esse desequilíbrio alimenta a necessidade constante de validação e a dificuldade de aprender com os erros que caracterizam o comportamento narcisista.

O sistema de neurônios-espelho, que nos ajuda a entender e a ter empatia pelos outros, também funciona de forma diferente nos narcisistas. A atividade reduzida nesse sistema pode explicar por que as pessoas com narcisismo têm dificuldade de se conectar emocionalmente com os outros e, muitas vezes, tratam as pessoas como objetos e não como indivíduos com seus próprios sentimentos e necessidades.

Além disso, a rede de modo padrão, um conjunto de regiões cerebrais que ficam ativas quando estamos pensando em nós mesmos ou nos outros, apresenta padrões alterados no narcisista. Isso pode contribuir para a tendência do narcisista de interpretar tudo em termos de como isso o afeta, muitas vezes negligenciando as perspectivas dos outros.

Embora essas diferenças cerebrais pintem um quadro complexo, é importante observar que o cérebro pode mudar. Esse conceito, conhecido como neuroplasticidade, oferece esperança para o tratamento. Ele sugere que, com as intervenções certas, esses padrões neurais podem ser remodelados. Mas o desenvolvimento do transtorno de personalidade narcisista não tem a ver apenas com a estrutura cerebral. Trata-se de uma interação complexa entre genética, experiências da infância e o ambiente. Certas variações genéticas podem aumentar o risco de desenvolver traços narcisistas, mas esses genes interagem com as experiências de vida, especialmente durante a infância. As experiências de negligência, abuso ou elogios excessivos podem afetar significativamente o desenvolvimento do cérebro e contribuir para os traços narcisistas.

Pesquisas recentes também começaram a explorar como o estresse crônico e a inflamação podem desempenhar um papel no transtorno de personalidade narcisista. O estresse de longo prazo pode perturbar o sistema de resposta ao estresse do corpo, contribuindo potencialmente para a instabilidade emocional observada no transtorno de personalidade narcisista.

A compreensão dessas bases biológicas tem implicações importantes para o tratamento. As terapias tradicionais de conversação geralmente têm tido sucesso limitado com narcisistas, possivelmente porque não abordam as diferenças cerebrais subjacentes. Entretanto, estão surgindo novas abordagens que levam em conta esses fatores neurológicos. Por exemplo, as técnicas de neurofeedback visam aumentar a atividade no córtex pré-frontal, o que pode melhorar a regulação emocional. Alguns pesquisadores estão explorando medicamentos que têm como alvo sistemas específicos de neurotransmissores envolvidos no transtorno de personalidade narcisista, embora essa abordagem exija um estudo cuidadoso para garantir a segurança e a eficácia.

Várias abordagens psicoterapêuticas são promissoras para o tratamento do narcisismo:

1. A psicoterapia focada na transferência (TFP) tem como objetivo abordar as representações internas fragmentadas de si mesmo e dos outros que contribuem para o comportamento narcisista.

2. O tratamento baseado na mentalização (MBT) se concentra em melhorar a capacidade de compreender os estados mentais próprios e alheios, potencialmente melhorando a empatia e a cognição social.

3. A terapia de esquemas trabalha para identificar e mudar crenças e padrões profundamente arraigados que estão por trás dos traços narcisistas.

Embora essas terapias sejam diferentes em suas abordagens específicas, todas têm como objetivo remodelar as vias neurais associadas à autopercepção e aos relacionamentos interpessoais.

A crescente compreensão da base biológica do transtorno de personalidade narcisista também ressalta a importância da intervenção precoce. A identificação precoce de indivíduos em risco e o fornecimento de apoio adequado podem alterar o curso do desenvolvimento da personalidade narcisista.

Com a continuidade das pesquisas, podemos esperar tratamentos ainda mais direcionados e personalizados para o transtorno de personalidade narcisista. A integração de imagens do cérebro no planejamento do tratamento pode permitir que as terapias sejam adaptadas aos padrões neurais específicos de cada indivíduo. Ao preencher a lacuna entre a neurociência e a psicologia, estamos avançando em direção a formas mais eficazes de tratar essa condição desafiadora. Embora o transtorno de personalidade narcisista continue complexo, essas descobertas oferecem um caminho que promete melhores resultados para os indivíduos com traços narcisistas e para aqueles que os cercam.

Capítulo 22: Desmascarando o narcisista

No centro do comportamento narcisista está uma mistura paradoxal de grandiosidade e insegurança, uma necessidade constante de admiração aliada a uma profunda falta de empatia. Essa combinação tóxica cria uma força destrutiva que se espalha pelas famílias, pelos locais de trabalho e pela sociedade em geral. Como vimos, os narcisistas são movidos por um desejo insaciável de poder e controle, muitas vezes recorrendo à manipulação, à mentira e ao abuso emocional para manter a superioridade que percebem.

Os ataques constantes, tanto explícitos quanto encobertos, podem fazer com que as pessoas se sintam sem esperança e questionem sua sanidade. Essa guerra psicológica é particularmente insidiosa porque muitas vezes passa despercebida pelos outros, com a pessoa comum negando ou descartando as evidências diante de seus olhos. Essa cegueira da sociedade em relação ao abuso narcisista perpetua um ciclo de vitimização e permite que os narcisistas continuem com seu comportamento destrutivo sem controle.

Os efeitos do abuso narcisista vão muito além da vítima imediata, afetando famílias inteiras e até mesmo as gerações futuras. As crianças criadas em lares dominados por pais narcisistas geralmente internalizam visões distorcidas do amor e dos relacionamentos, equiparando conflito e reconciliação com afeto genuíno. Essa normalização da dinâmica tóxica pode levar à perpetuação de padrões abusivos, pois as vítimas inconscientemente buscam ou recriam ambientes caóticos familiares em seus relacionamentos adultos. As taxas crescentes de indivíduos solteiros e sem filhos nas principais economias podem ser atribuídas, em parte, aos desafios de navegar em relacionamentos em um mundo onde o comportamento narcisista está se tornando mais comum.

A cultura popular muitas vezes romantiza esses relacionamentos intensos e emocionalmente carregados, como evidenciado pelo sucesso de romances que apresentam narcisistas. Esse fascínio cultural pela dinâmica narcisista contribui para a normalização do abuso psicológico e pode tornar mais difícil para as vítimas reconhecerem e escaparem de situações tóxicas.

A exposição constante à sua visão de mundo julgadora e egocêntrica pode levar à ansiedade, depressão e a um sentimento generalizado de inadequação em suas vítimas. A incapacidade dos narcisistas de mudar de ideia ou considerar perspectivas alternativas cria uma dinâmica exaustiva na qual os outros são constantemente forçados a provar seu valor, muitas vezes sem sucesso. Essa desvalorização incessante pode minar a autoestima e levar a uma perda de motivação e alegria na vida.

O reconhecimento social da prevalência e da natureza destrutiva do comportamento narcisista é essencial para criar um ambiente de apoio às vítimas e responsabilizar os agressores. Ao expor o poder destrutivo por trás do comportamento narcisista e compreender suas consequências de longo alcance, podemos começar a desenvolver estratégias para combater sua influência e promover conexões mais saudáveis e empáticas em nossa vida pessoal e na sociedade como um todo. Com maior conscientização, apoio e compromisso com o crescimento pessoal, é possível se libertar do ciclo de toxicidade e recuperar o senso de autoestima.

Glossário

Abuso: Tratamento prejudicial ou cruel de outra pessoa. No contexto da NPD, isso pode incluir maus-tratos emocionais, psicológicos ou físicos.

Amígdala: Uma região do cérebro envolvida no processamento de emoções. Em indivíduos com NPD, a conexão entre a amígdala e o córtex pré-frontal é frequentemente interrompida, levando a respostas emocionais intensas.

Herói byrônico: Arquétipo de personagem frequentemente associado a traços narcisistas, caracterizado por uma personalidade complexa, muitas vezes sombria, que é ao mesmo tempo atraente e repulsiva.

Transtornos de personalidade do grupo B: Um grupo de transtornos de personalidade caracterizado por pensamento ou comportamento dramático, excessivamente emocional ou errático. O NPD está classificado nesse grupo.

Hostilidade encoberta: Uma forma sutil de agressão em que o narcisista expressa a hostilidade indiretamente, geralmente por meio de comportamentos passivo-agressivos ou manipulação.

Rede de modo padrão: Um conjunto de regiões cerebrais ativas quando se pensa em si mesmo ou nos outros. No NPD, essa rede apresenta padrões alterados, contribuindo para a interpretação egocêntrica dos eventos.

Empático: Indivíduo altamente sensível às emoções e aos sentimentos dos outros. Os empáticos geralmente são atraídos por narcisistas, criando uma dinâmica de relacionamento disfuncional.

Retenção de emoções: Uma tática usada por narcisistas (e, às vezes, por suas vítimas) para controlar ou punir os outros por meio da retenção de afeto ou aprovação.

Gaslighting (ou luz de gás): Uma forma de manipulação psicológica na qual o narcisista faz com que a vítima questione suas próprias percepções, memórias ou sanidade.

Grandiosidade: Um senso inflado de autoimportância, uma característica fundamental da NPD.

Falta de empatia: a incapacidade de entender ou compartilhar os sentimentos dos outros, uma característica marcante da NPD.

Manipulação: O ato de controlar ou influenciar alguém de forma inteligente ou inescrupulosa. Os narcisistas geralmente usam a manipulação para atingir seus objetivos.

Tratamento baseado em mentalização (MBT): Abordagem psicoterapêutica que se concentra em melhorar a capacidade de compreender os estados mentais próprios e alheios, potencialmente melhorando a empatia e a cognição social em indivíduos com NPD.

Sistema de neurônios-espelho: Uma rede no cérebro que nos ajuda a entender e a ter empatia pelos outros. Esse sistema apresenta atividade reduzida em indivíduos com NPD.

Transtorno da Personalidade Narcisista (NPD): Uma condição de saúde mental caracterizada por um senso inflado de autoimportância, uma profunda necessidade de atenção e admiração excessivas e uma falta de empatia pelos outros.

Neuroplasticidade: A capacidade do cérebro de formar novas conexões neurais e mudar sua estrutura. Esse conceito oferece esperança para o tratamento do NPD por meio de intervenções direcionadas.

Córtex pré-frontal: Uma região do cérebro essencial para a autoconsciência, a empatia e o controle emocional. Os indivíduos com NPD geralmente apresentam atividade reduzida nessa área.

Sistema de recompensa: O mecanismo do cérebro para processar o prazer e a motivação. No NPD, esse sistema é excessivamente sensível ao elogio, mas menos sensível ao feedback negativo.

Bode expiatório: Uma pessoa que é culpada ou criticada pelos delitos, erros ou falhas de outros, especialmente em uma dinâmica familiar ou de grupo controlada por um narcisista.

Terapia do esquema: Abordagem psicoterapêutica que trabalha para identificar e mudar crenças e padrões profundamente arraigados subjacentes aos traços narcisistas.

Auto-humilhação: O ato de humilhar ou menosprezar a si mesmo. Os narcisistas geralmente usam essa tática em suas vítimas para manter o controle.

Autodepreciação: O ato de depreciar ou subestimar a si mesmo, geralmente usado como mecanismo de defesa ou para parecer humilde. Exemplo: "Ah, eu sou um péssimo cozinheiro. Você realmente não deveria esperar muito de minha comida."

Amor próprio: Um estado de apreciação por si mesmo que se desenvolve a partir de ações que apoiam o crescimento físico, psicológico e espiritual. No contexto da cura do abuso narcisista, é fundamental desenvolver o amor-próprio.

Psicoterapia focada na transferência (TFP): Abordagem psicoterapêutica que tem como objetivo abordar as representações internas fragmentadas de si mesmo e dos outros que contribuem para o comportamento narcisista.

Ligação forçada por trauma: Fenômeno psicológico em que as vítimas de abuso formam fortes vínculos emocionais com seus agressores, geralmente observado em relacionamentos que envolvem narcisistas.

Frases de gatilho: Palavras ou sentenças específicas usadas por narcisistas para provocar respostas emocionais específicas em suas vítimas, geralmente projetadas para manipular, confundir ou ignorar as experiências da vítima.

Mudança de valência: Uma mudança na carga emocional ou no significado de uma situação ou relacionamento. No contexto da

NPD, isso pode se referir a como as vítimas podem adotar traços narcisistas como um mecanismo de enfrentamento.

Vítima: Um indivíduo que sofreu abuso narcisista. Às vezes, as próprias vítimas podem adotar traços narcisistas como mecanismo de defesa.

Bibliografia

Associação Americana de Psiquiatria. (2013). Manual diagnóstico e estatístico de transtornos mentais (5ª ed.).

Arias, J. (2008). O caso de Jodi Arias e Travis Alexander: Manipulação e assassinato.

Blanchard, G. R. (2015). The Gypsy Rose Blanchard case: Abuso e retaliação.

Brontë, C. (1847). Jane Eyre. Smith, Elder & Co.

Broderick, B. (1989). O caso Betty Broderick: Emotional abuse and retaliation.

Challen, S. (2019). O caso Sally Challen: Coercive control and legal appeal.

Edwards, J. (2006). O caso de John Edwards e Rielle Hunter: Political scandal and personal loss.

Ghodratollahifard, M., Mohammadkhani, P., Pourshahbaz, A., & Dolatshahi, B. (2020). Childhood trauma and the development of personality disorders. Journal of Child Psychology and Psychiatry, 61(7), 789-796.

Girhotra, R. (1990). The story of Ruchika Girhotra: Abuse and legal battle.

Harris, C. (2002). The Clara Harris case: Infidelidade e assassinato.

Howard, J. (2022). Living martyrdom: Understanding the emotional landscape of abuse victims. Psychology Today.

Lahav, Y., Stein, D., Ginzburg, K., & Solomon, Z. (2020). Internal and external aggression in victims of narcissistic abuse. Journal of Traumatic Stress, 33(2), 155-165.

Maffini, C. S., Goodman, G. S., Lyons, K. E., Newton, E. K., & Ogle, C. M. (2021). Terapia cognitivo-comportamental com foco no trauma para vítimas de abuso narcisista. Clinical Psychology Review, 83, 101935.

Määttä, K., Uusiautti, S., & Määttä, M. (2012). Victims of narcissistic abuse (Vítimas de abuso narcisista). Journal of Personality Disorders, 26(6), 847-868.

Caso dos Irmãos Menendez (1989). Lyle e Erik Menendez condenados pelo assassinato de seus pais.

Morgan Stanley. (2021). Projeções sobre mulheres solteiras nos Estados Unidos e na China.

Centro de Pesquisa Pew. (2018). Hábitos de leitura nos Estados Unidos.

Rice, A. (1976). Interview with the vampire. Alfred A. Knopf.

Rice, A. (1985). The vampire Lestat. Alfred A. Knopf.

Vários autores. Neuroplasticity and treatment approaches for narcissistic personality disorder.

Vários autores. Psicoterapia focada na transferência (TFP), tratamento baseado na mentalização (MBT) e terapia de esquemas para NPD.

Organização Mundial da Saúde (OMS). Taxas globais de suicídio.

Solicitação de resenha de livro

Caro leitor,

Obrigado por adquirir este livro! Gostaria muito de saber sua opinião. Escrever uma resenha de livro ajuda a entender os leitores e também afeta as decisões de compra de outros leitores. Sua opinião é importante. Por favor, escreva uma resenha sobre o livro! Sua gentileza é muito apreciada!

Sobre o autor

Dan Desmarques é um autor renomado com um histórico notável no mundo literário. Com um portfólio impressionante de 28 best-sellers da Amazon, incluindo oito best-sellers nº 1, Dan é uma figura respeitada no setor. Com base em sua formação como professor universitário de redação acadêmica e criativa, bem como em sua experiência como consultor de negócios experiente, Dan traz uma combinação única de conhecimento para seu trabalho. Suas percepções profundas e seu conteúdo transformador atraem um público amplo, abrangendo tópicos tão diversos quanto crescimento pessoal, sucesso, espiritualidade e o significado mais profundo da vida. Por meio de seus escritos, Dan capacita os leitores a se libertarem das limitações, liberarem seu potencial interior e embarcarem em uma jornada de autodescoberta e transformação. Em um mercado competitivo de autoajuda, o talento excepcional e as histórias inspiradoras de Dan fazem dele um autor de destaque, motivando os leitores a se envolverem com seus livros e a embarcarem em um caminho de crescimento pessoal e iluminação.

Também escrito pelo autor

1. 66 Days to Change Your Life: 12 Steps to Effortlessly Remove Mental Blocks, Reprogram Your Brain and Become a Money Magnet

2. A New Way of Being: How to Rewire Your Brain and Take Control of Your Life

3. Abnormal: How to Train Yourself to Think Differently and Permanently Overcome Evil Thoughts

4. Alignment: The Process of Transmutation Within the Mechanics of Life

5. Audacity: How to Make Fast and Efficient Decisions in Any Situation

6. Christ Cult Codex: The Untold Secrets of the Abrahamic Religions and the Cult of Jesus

7. Codex Illuminatus: Quotes & Sayings of Dan

Desmarques

8. Collective Consciousness: How to Transcend Mass Consciousness and Become One With the Universe

9. Creativity: Everything You Always Wanted to Know About How to Use Your Imagination to Create Original Art That People Admire

10. Deception: When Everything You Know about God is Wrong

11. Demigod: What Happens When You Transcend The Human Nature?

12. Discernment: How Do Your Emotions Affect Moral Decision-Making?

13. Eclipsing Mediocrity: How to Unveil Hidden Realities and Master Life's Challenges

14. Fearless: Powerful Ways to Get Abundance Flowing into Your Life

15. Feel, Think and Grow Rich: 4 Elements to Attract Success in Life

16. Find Your Flow: How to Get Wisdom and Knowledge from God

17. Holistic Psychology: 77 Secrets about the Mind That They Don't Want You to Know

18. How to Change the World: The Path of Global Ascension Through Consciousness
19. How to Get Lucky: How to Change Your Mind and Get Anything in Life
20. How to Improve Your Self-Esteem: 34 Essential Life Lessons Everyone Should Learn to Find Genuine Happiness
21. How to Study and Understand Anything: Discovering The Secrets of the Greatest Geniuses in History
22. Legacy: How to Build a Life Worth Remembering
23. Religious Leadership: The 8 Rules Behind Successful Congregations
24. Reset: How to Observe Life Through the Hidden Dimensions of Reality and Change Your Destiny
25. Resilience: The Art of Confronting Reality Against the Odds
26. Singularity: What to Do When You Lose Hope in Everything
27. Spiritual Warfare: What You Need to Know About Overcoming Adversity
28. Starseed: Secret Teachings about Heaven and the Future of Humanity

29. Technocracy: The New World Order of the Illuminati and The Battle Between Good and Evil
30. The 10 Laws of Transmutation: The Multidimensional Power of Your Subconscious Mind
31. The 14 Karmic Laws of Love: How to Develop a Healthy and Conscious Relationship With Your Soulmate
32. The 33 Laws of Persistence: How to Overcome Obstacles and Upgrade Your Mindset for Success
33. The 36 Laws of Happiness: How to Solve Urgent Problems and Create a Better Future
34. The Alchemy of Truth: Embracing Change and Transcending Time
35. The Antagonists: What Makes a Successful Person Different?
36. The Antichrist: The Grand Plan of Total Global Enslavement
37. The Awakening: How to Turn Darkness Into Light and Ascend to Higher Dimensions of Existence
38. The Egyptian Mysteries: Essential Hermetic Teachings for a Complete Spiritual Reformation
39. The Evil Within: The Spiritual Battle in Your Mind Deception: When Everything You Know about God is

Wrong

40. The Game of Life and How to Play It: How to Get Anything You Want in Life

41. The Hidden Language of God: How to Find a Balance Between Freedom and Responsibility

42. The Most Powerful Quotes: 400 Motivational Quotes and Sayings

43. The Secret Beliefs of The Illuminati: The Complete Truth About Manifesting Money Using The Law of Attraction That is Being Hidden From You

44. The Secret Empire: The Hidden Truth Behind the Power Elite and the Knights of the New World Order

45. The Secret Science of the Soul: How to Transcend Common Sense and Get What You Really Want From Life

46. The Spiritual Laws of Money: The 31 Best-kept Secrets to Life-long Abundance

47. The Spiritual Mechanics of Love: Secrets They Don't Want You to Know about Understanding and Processing Emotions

48. Unacknowledged: How Negative Emotions Affect Your Mental Health?

49. Unapologetic: Taking Control of Your Mind for a Happier and Healthier Life

50. Uncommon: Transcending the Lies of the Mental Health Industry

51. Unlocked: How to Get Answers from Your Subconscious Mind and Control Your Life

52. Your Full Potential: How to Overcome Fear and Solve Any Problem

53. Your Soul Purpose: Reincarnation and the Spectrum of Consciousness in Human Evolution

Sobre a editora

Esse livro foi publicado pela 22 Lions Publishing.

www.22Lions.com

www.ingramcontent.com/pod-product-compliance
Lightning Source LLC
LaVergne TN
LVHW051026051026
849532LV00004BA/1386
* 9 7 9 8 3 3 0 4 4 7 8 9 3 *